OKiDOKi FiT iN ...

Deutsch

für den Übergang in die weiterführende Schule

Schroedel

OKiDOKi FiT iN Deutsch
für den Übergang in die weiterführende Schule

Klasse 4 ➡ 5

Ingo Müller

Bibliografische Information Der Deutschen Bibliothek
Die Deutsche Bibliothek verzeichnet diese Publikation in der Deutschen Nationalbibliografie; detaillierte bibliografische Daten sind im Internet über http://dnb.ddb.de abrufbar.

Nach gültiger Rechtschreibung 2006

ISBN 978-3-507-**22250**-2

Layout: Janssen Kahlert Design & Kommunikation, Hannover
Illustrationen: Dietmar Griese, Laatzen
Satz und Lithos: KCS GmbH, Buchholz/Hamburg
Druck: westermann druck GmbH, Braunschweig **11/06**

INHALT

OKiDOKi stellt sich vor

OKiDOKi hilft mit einer Fülle von Übungen, Sicherheit im Stoff des Fachs Deutsch der 4. Klasse zu gewinnen, um optimal auf den Übergang in die weiterführende Schule vorbereitet zu sein. Vorhandenes Wissen wird getestet, wiederholt und aufgefrischt, Neues auf clevere und witzige Art vermittelt.

Der Autor, Ingo Müller, ist ein erfahrener Pädagoge, der über langjährige Erfahrungen im Fach Deutsch verfügt:
- Unterrichtserfahrung in Grundschule, Orientierungsstufe, Hauptschule, Realschule
- 15 Jahre Lehrerausbildung (Seminarleiter für Deutsch)
- Arbeit in einer Rahmenrichtlinienkommission des Kultusministeriums
- Veröffentlichungen in „Praxis Deutsch"
- Mitarbeit an den Sprachbuchreihen
  „Sprachwelt" – Orientierungsstufe,
  „Sprachwelt" – Realschule,
  „Sprachwege" – Hauptschule
- Autor von Lernhilfen „Schroedel-Praktikum" usw.

OKiDOKi FiT iN Deutsch bietet:
- Einstiegstest zum Aufdecken von Lücken
- Motivierende und abwechslungsreiche Übungen zu den Bereichen
  - Rechtschreibung und Zeichensetzung
  - Grammatik
  - Aufsatz
- Zusammenfassung des Gelernten und Zwischentest zu jedem der drei Bereiche
- Zahlreiche Tipps zu Lernmethoden
- Hilfen und Übersichten im Anhang
- Lösungen zur Selbstkontrolle
- Abschlusstest zur Überprüfung des Lernerfolgs

Liebe Schülerin, lieber Schüler,

dieses Buch soll dir helfen, deine Fähigkeiten im Fach Deutsch richtig einzuordnen und das zu trainieren, was du noch nicht sicher genug beherrschst. Zu Anfang wartet ein **Einstiegstest** auf dich. Er enthält auf 4 Seiten Beispiele für alle wichtigen Inhalte, die du in den ersten 4 Schuljahren im Fach Deutsch gelernt hast. Ob du die Aufgaben richtig gelöst hast, kannst du am Ende des Buches nachschlagen. Die Lösungen sind auf den Seiten 114/115 abgedruckt.

Suche zunächst den Bereich aus dem Einstiegstest, in dem dein Ergebnis am schlechtesten war, und nimm dir das zugehörige Kapitel vor. Die Erklärungen „Das musst du wissen“ am Anfang jedes Kapitels fassen das Wichtigste kurz zusammen, bevor es ans Üben geht. Stelle eine Uhr – am besten einen Wecker – neben deinen Arbeitsplatz und arbeite nicht länger als eine Stunde. Du kannst natürlich an einem Tag, an dem du Zeit hast, nach einer längeren Pause noch einmal eine Stunde arbeiten; aber bitte nicht mehr als drei Stunden an einem Tag.

Ob die Mühe, die du dir gemacht hast, auch Erfolg hatte, verrät dir der **Abschlusstest**. Er befindet sich auf den Seiten 102 – 105 und hat dieselben Themen wie der Einstiegstest – aber natürlich andere Aufgaben. Wir empfehlen dir, nach dem Durcharbeiten eines Kapitels sofort die zugehörige Seite des Abschlusstests in Angriff zu nehmen, dann kannst du sofort sehen, ob sich deine Leistung verbessert hat.

So arbeitest du alle Kapitel durch, in denen für dich noch eine Leistungssteigerung möglich ist. Wer wirklich konzentriert und fleißig übt, kann mit einer Verbesserung seiner Leistung zwischen Einstiegstest und Abschlusstest sicher rechnen. Deshalb wollen wir dir Mut machen: Du kannst und wirst mithilfe dieses Buches im Fach Deutsch besser werden.

Viel Freude an deiner eigenen Leistung und viel Erfolg beim Abschlusstest!

TIPP

Im Tipp findest du Regeln und Merksätze verständlich formuliert. Der Tipp gibt dir außerdem Hilfestellungen zum Lösen der Aufgaben.

ÜBUNGSTIPP

Der Übungstipp erklärt dir, wie du dir das Lernen erleichtern kannst.

ACHTUNG

Hier bekommst du Hilfen für knifflige Fälle und Ausnahmen, um Fallen zu vermeiden.

Das kannst du jetzt

Am Ende eines Kapitels wird in einer Zusammenfassung das Wesentliche noch einmal festgehalten.

Aufgaben mit diesem Zeichen musst du in deinem Heft oder auf einem Extrablatt lösen.

Übrigens: OKiDOKi freut sich über Post.
E-Mail: okidoki@schroedel.de
Du kannst OKiDOKi auch im Internet besuchen: www.okidoki.de

EINSTIEGSTEST

Fit sein für Klasse 5

Viele denken jetzt schon an den Übergang in eine weiterführende Schule. Dabei kommt es natürlich auch auf das Zeugnis an. In manchen Fällen wird sogar der Zensurendurchschnitt ausgerechnet. Am Ende von Klasse 4 wird es dann ernst.
Du fragst dich, was du können musst und ob du das schaffst. Ganz einfach ist es nicht. Aber: Übung macht den Meister!
Hier findest du erst einmal einen Einstiegstest. Er soll dir eine Antwort geben auf die Frage: *Was kann ich schon?*
Versuche die Testaufgaben ohne Hilfsmittel zu lösen. Lass dir Zeit und lege Pausen ein. Wenn du fertig bist, vergleiche alles mit den Lösungen (Seiten 114 und 115). Schreibe die Fehlerzahl mit Bleistift neben die Aufgaben und verbessere.
Entscheide dann, welche Bereiche du noch üben musst und womit du anfangen willst.
Viel Erfolg!

Einstiegstest: Was kann ich schon?

1. *Versuche diesen Text zu lesen. Teile dazu jedes Wort und jede Zahl durch einen senkrechten Strich mit dem Bleistift ab. Setze dann die fehlenden Punkte. Unterstreiche anschließend alle Wörter, die großgeschrieben werden müssen.*

HEUTE VORMITTAG IN DER SCHULE

ICHWARHEUTESCHONSEHRFRÜHINDERSCHULE DANNKAMMARIA SIEHATTEEINENEUE FRISUR DARÜBERMUSSTEICHSEHRLACHEN ABERDASFANDMEINELEHRERINNICHTSCHÖN DAHABEICHNOCHLAUTERGELACHT „DASFINDESTDUWOHLAUCHNOCHLUSTIG,WAS?“, SAGTESIEÄRGERLICH

INDERPAUSEBINICHZUDENGROSSENINDIERAUCHERECKEGEGANGEN DORTHABEN OLIVERUNDICHUNSEINENSTREICHFÜRDENNACHMITTAGAUSGEDACHT

INDERKUNSTSTUNDEHATOLIVERMARIASLINKESOHRBLAUANGEMALT, DAHATSIESEINENDISK-MANVERSTECKT UNDHERRBÄRHATBEIDENEINESAFTIGESTRAFARBEITVERPASST

beifrauhoffmannhabeichindermusikstundenochfalschergesungenalsdieanderen „geh bitte“, sagtesieda, „vordietürundwartedort!“

indeutschhabenoliverundichdieneuenblasrohreausprobiert fasthätteunsfrauschulzerwischt aberwirwarenschneller undinmariastrinkflaschehabeichmitderbastelscherenocheinkleines-lochgeschnitten diewirdsichwundern

heutevormittaghabeichalsovielschöneserlebt

2. *Setze die fehlenden Buchstaben ein.*

se___undse___zig, läng___ des Weges, eine schre___li___ nette Fami___e, inter___ante Neuigkeiten, mit dem Fa___rad zur Sch___le, eine gef___rli___e Kreu___ung, ein ro___tiger Nagel, h___te ist kein Unte___icht, wir fahren nach ___ause, der ___ürzeste Weg, der Bu___ wartet schon, ein bi___chen Grie___

3. *Erkläre und trage die fehlenden Wörter ein.*

Wenn jemand ständig etwas unternimmt, dann ist er aktiv. – Von Geschäft zu Geschäft bummeln nennt man Sh___. – P___ heißen die großen Bilder an deiner Zimmerwand. – Die Mannschaft ist ein T___, und ihr Bester ist der S___. – Einen großen Behälter nennt man C___. – K___ bedeutet etwas begreifen. – Die Absperrvorrichtung für Luft, zum Beispiel am Fahrradschlauch, ist ein V___. – Die Straße ist mit einem Teer-Belag, dem A___, bedeckt. – Der überdachte Hausvorbau ist eine V___. – Etwas abschreiben oder ablichten heißt auch k___. – Wer faul ist und nie etwas unternimmt, ist p___. – Einen Fahrstuhl nennt man L___.

4. *Setze die fehlenden Satzzeichen und füge* das *oder* dass *ein.*

Im Kunstunterricht

Während der Kunststunde am Donnerstag haben wir Holzmaserungen gezeichnet Nach einiger Zeit sagte Frau Wolf ___ wir auch mal aufstehen herumgehen und uns die Bilder der anderen ansehen dürften – Ich war gerade unterwegs und Sascha ging hinter mir her Als Frau Wolf gerade nicht hersah nahm ich einen Bleistift und malte ein bisschen in anderen Bildern herum Na ja dann kam es irgendwie auch dazu ___ wir ein paar Stifte Anspitzer Radiergummis und Federmappen von Tisch zu Tisch verschleppten Und ___ bemerkte zunächst auch keiner

Später nachdem wir uns schon lange wieder hingesetzt hatten wurden einige unruhig Sie beschwerten sich darüber ___ ihnen verschiedene Zeichensachen fehlten Johanna fand ___ gar nicht lustig Sie hatte wohl gesehen ___ wir unser Spielchen getrieben hatten Deshalb verpetzte sie uns Dabei hatten wir sämtliches Material ___ auf ihrem Tisch lag nicht angerührt Denn wir wissen schon lange ___ Johanna keinen Spaß versteht

Frau Wolf übrigens auch nicht und deshalb mussten Sascha und ich aufschreiben wie alles geschehen war

5. *Schreibe neben jede Wörterreihe den Namen der Wortart, die in dieser Reihe am häufigsten vorkommt. Streiche dann die Wörter aller anderen Wortarten durch.*

Ausweis, Messer, Konserve, ~~messen~~, Presse, Soda	Nomen
auslösen, wegen, brutzeln, dribbeln, leiten, scheinen	
ausgiebig, gut, englisch, Holland, genial, leicht, gelb	
ich, wir, ihr, gestern, ihm, mich, dich, uns, sie, du, mir	
der, dem, einem, ein, zwei, das, des, eine, die, den	
bei, neben, zwischen, unter, dieser, über, wegen, mit	
weil, und, damit, oder, weit, bevor, dass, obwohl, ehe	
früher, anders, jetzt, sehr, dummerweise, das, davon	

6. *Dekliniere (beuge) und trage ein, was fehlt.*

1. Fall	= Nominativ	:	die Nachteule	=	Singular, weiblich	
2.	= G	:	der		S	, w
3.	=	:	den Nachteulen	=	P	, w
4.	=	:	die Nachteulen	=		,

7. *Lies den Text durch. Unterstreiche dann alle Verben: im Präsens rot, Präteritum blau, Perfekt grün, Plusquamperfekt schwarz und Futur gelb. (Denke auch an die Hilfsverben!)*

Raupen und Schmetterlinge

Im Sommer freuen wir uns über die bunten Schmetterlinge. Aber nicht jeder weiß, dass sie eine besondere Entwicklung durchgemacht haben. Zuvor waren sie nämlich Raupen, und zwar ziemlich gefräßige. Und in diesem Lebensabschnitt haben sie schon in so manchem Garten großen Schaden angerichtet.

Früher sammelten die Kinder die Raupen vom Gemüse ab. Wenn das etwa beim Grünkohl nicht sorgfältig genug geschehen war, blieben bald nur noch Stängel übrig. Heute spritzt man gegen diese so genannten Schädlinge Pflanzenschutzmittel. Wenn wir das nicht ändern, wird es im Sommer immer weniger farbenprächtige Falter geben.

Zum Glück haben sich mehrere Raupenarten auf Brennnesseln spezialisiert. Möglicherweise werden uns deshalb deren Schmetterlinge noch lange erhalten bleiben.

8. *Unterstreiche alle Subjekte grün, die Prädikate rot.*

Hunde sind Lauftiere. Sie brauchen deshalb viel Bewegung.
Aber auch Frauchen und Herrchen sollten möglichst viel gehen und laufen. Joggen wäre für beide ideal.
Die Partner sollten allerdings langsam anfangen. Später darf das Tempo dann allmählich gesteigert werden. – Hunde besitzen keine Schweißdrüsen. Sie regulieren ihre Körpertemperatur über das Hecheln mit der Zunge.

9. *Unterstreiche die Satzergänzungen: Akkusativ-Objekte gelb, Dativ-Objekte blau.*

Deshalb soll man Pausen einlegen und dem Hund eventuell zwischendurch Wasser geben. Benutzt man während des Joggens keine Leine, muss der vierbeinige Partner gut parieren. Er hat dem Menschen aufs Wort zu folgen. Der Hund darf weder andere Tiere bedrohen, noch dürfen sie ihm gefährlich werden. Dann ist es sogar auch möglich, seinen Begleiter neben dem Fahrrad laufen zu lassen.

10. *Unterstreiche jetzt alle Umstandsbestimmungen (adverbialen Bestimmungen).*

Sollte es draußen zu warm sein, kannst du ja mit deinem Hund an einen Kiessee laufen. Die meisten Tiere gehen in der warmen Jahreszeit gern ins Wasser! Und Schwimmen kräftigt die Muskeln. Achte aber darauf, dass die anderen Leute nicht unnötig gestört werden.

11. *Welche Wortarten helfen uns besonders, eine Erlebniserzählung bildhaft und eindrucksvoll zu gestalten?*

12. *Welches Ziel hat die schriftliche Anleitung? (Wen soll sie wie worüber informieren?)*

13. Der Bericht: *Streiche durch, was* nicht *zutrifft!*

Mit dem Bericht will man jemanden ~~unterhalten~~/informieren. Es kommt auf Gedanken und Gefühle/sachliche Einzelheiten an. Empfindungen und möglichst viel wörtliche Rede sind wichtig. Eigene Gedanken spielen im Bericht keine Rolle. Als Zeitform verwendet man meist das Futur/das Präteritum.

TEST
WAS KANN ICH SCHON?

KAPITEL 1

Das musst du wissen

Unsere Schrift
Unsere Schrift hat 26 Buchstaben, das ist das Alphabet. Dazu kommen die Umlaute (ä/Ä, ö/Ö, ü/Ü) und das ß. Jeder Buchstabe kann klein- und großgeschrieben werden. Das ß bildet allerdings eine Ausnahme: Es kommt nie am Wortanfang vor und wird immer kleingeschrieben. In Druckschrift wird es zu ss/SS.

Laute und Buchstaben
Um Wörter aufzuschreiben, gebraucht man das Alphabet. Ein gehörtes Wort (z. B. im Diktat) überträgt man also in Buchstaben. Das ist nicht immer so einfach. Denn manche Laute lassen sich ganz unterschiedlich schreiben.
Ein Beispiel: *der e-Laut.* Man findet ihn in Wörtern wie *der Retter, wegen, eine Seele, anlehnen, ein Bäcker* usw. Die richtige Schreibweise aber lässt sich durch Üben in den Griff kriegen!

Groß und klein
Nomen (Substantive), Namen, das erste Wort im Satz oder in Überschriften und bestimmte Anreden schreibt man groß. Allerdings gibt es Ausnahmen. Darüber solltest du Bescheid wissen und lieber noch ein bisschen daran arbeiten.

Zusammen- und Getrenntschreibung, Fremdwörter usw.
Zwar ist die getrennte Schreibung der Normalfall, aber auf den ersten Blick ist die Entscheidung nicht immer ganz einfach. Da muss man schon fit sein.
Fremdwörter stammen aus anderen Sprachen. Deshalb richten sie sich meist nach Regeln, die wir nicht gewohnt sind.
Auch die **Worttrennung** hat ihre Regeln. Dabei hilft einem nicht einmal der Computer zuverlässig.

Zeichensetzung
Am Satzende stehen Zeichen, nach Überschriften meist nicht. In der Aufzählung und zwischen Sätzen stehen Zeichen. Besondere Satzzeichen kommen bei der wörtlichen Rede vor. Das alles ist geregelt, manchmal aber auch freigestellt.

Darüber müsstest du also so gut Bescheid wissen, dass du fit bist für und in Klasse 5.
Nun an die Arbeit und viel Erfolg!

1. *Unterstreiche in dem folgenden Text alle Wörter, die (in normaler) Schreibschrift mit großem Anfangsbuchstaben geschrieben werden.*

die zwerge der urzeit

die heutigen lebewesen der erde stammen von vorfahren ab, die nur aus einer einzigen zelle bestanden. alle tiere, pflanzen und menschen gehen also auf einzeller zurück.

es dauerte viele millionen jahre, bis sich alles so entwickelt hatte, wie wir es jetzt kennen.

das tolle daran aber ist, dass es die einzeller heute noch gibt. die meisten anderen lebewesen dazwischen, zum beispiel die saurier, existieren dagegen schon lange nicht mehr.

2. *Unterstreiche alle Wörter, die großgeschrieben werden müssen.*

DIE RIESEN DER URZEIT

WENN MAN HEUTE VON SAURIERN SPRICHT, DANN DENKEN DIE MEISTEN MENSCHEN AN DIE RIESIGEN DINOSAURIER. SIE LEBTEN AUF DEM FESTLAND. VIELE DIESER TIERE KONNTEN SCHWIMMEN UND HIELTEN SICH HAUPTSÄCHLICH IN SEEN UND SÜMPFEN AUF. IM ODER AM MEER KAMEN SIE OFFENBAR NIE VOR. SIE SIND AUCH NICHT ZWISCHEN FESTLAND UND MEER ENTSTANDEN.

DIE MEISTEN DINOSAURIER HATTEN VIER STÄMMIGE BEINE. TRAGEN MUSSTEN DIESE EINEN MASSIGEN KÖRPER. ES GAB VERTRETER UNTER IHNEN MIT HORNPLATTEN, STACHELN ODER LANGEN KOPFHÖRNERN.

DANEBEN EXISTIERTEN ABER AUCH ZWEIBEINER MIT KURZEN ARMEN. ERNÄHRT HABEN SOLLEN SIE SICH SOWOHL VON PFLANZEN WIE AUCH VON AAS UND ERBEUTETEM FLEISCH. DAGEGEN WAREN DIE VIERFÜSSIGEN SAURIER FAST ALLE FRIEDLICHE PFLANZENFRESSER ODER ALLESFRESSER.

ÜBUNGSTIPP

Am besten lässt es sich üben, wenn man einen guten Arbeitsplatz hat.
Prüfe: Ist dein Arbeitsplatz bestens vorbereitet?

- *Schaffe erst einmal Ordnung.*
- *Lege dann die Arbeitsmittel bereit, die du brauchst: Füller, Bleistift, Farbstifte, Lineal, Heft, Block, Radiergummi, Wörterbuch usw.*

1. *Überlege: groß oder klein? Setze die richtigen Buchstaben ein.*

Der letzte Schultag in der Grundschule

Am letzten _ag vor den _erien sind wir alle in die große _alle gegangen. _nsere _ltern waren auch da. _uerst hat die _lötengruppe etwas _orgespielt. _ann hat die dritte _lasse gesungen. _ie _chulleiterin hat eine _ede gehalten. _anach haben wir alle _usammen ein _ied gesungen.

_is dahin waren alle _röhlich, _ber dann wurde es ein bisschen _raurig. _rau Scherer, _nsere _lassenlehrerin, hat jeden in den _rm genommen und sich verabschiedet. Jenny hat _eweint und ihre _utter auch. Bastian und _ir war auch ganz _omisch zu Mute.

_ann gab es endlich _erien. _n dieser _eit habe ich die _chule ganz _ergessen. _ur am _etzten _ag war ich wieder ganz aufgeregt. _ch musste meine _achen zusammenpacken und den _ecker _tellen.

2. *Schreibe alle Nomen (Substantive/Hauptwörter) ohne die Eigennamen heraus und setze den bestimmten Artikel (Geschlechtswort) davor.*

der Schultag, die Grundschule, der

TIPP

Das ***erste Wort im Satz*** *oder in einer* ***Überschrift*** *schreibt man normalerweise* ***groß.*** *Sonst werden fast nur die* ***Nomen*** *(Substantive/Hauptwörter),* ***Namen*** *und* ***einige Anredepronomen*** *(Anredefürwörter) großgeschrieben. Alle anderen Wortarten schreibt man klein.*
Wörter mit den Endungen **-heit, -keit, -nis, -schaft, -tum, -ung, -ismus, -al** *und* **-chen/-lein** *sind Nomen. Man schreibt sie also groß. Beispiele:* Einheit, Sauberkeit, Hindernis, Freundschaft, Irrtum, Richtung, Sozialismus, Schicksal, Röschen/Röslein.

1. *Streiche mindestens 20 verschiedene Nomen farbig an.*

W	X	A	B	C	T	R	E	N	N	U	N	G	D	E	E	R
K	N	T	R	O	C	K	E	N	H	E	I	T	F	R	G	I
L	R	H	E	I	J	K	L	E	M	N	O	P	I	B	Q	C
H	E	R	I	S	T	U	V	R	W	X	Y	Z	R	S	A	H
Ä	F	B	N	E	I	T	E	L	K	E	I	T	R	C	C	T
U	F	D	H	E	F	Ü	B	E	L	K	E	I	T	H	G	U
F	O	H	E	I	J	K	L	B	M	N	O	P	U	A	Q	N
L	I	H	I	N	D	E	R	N	I	S	R	S	M	F	T	G
E	S	U	T	V	W	X	Y	I	R	E	I	C	H	T	U	M
I	B	Z	F	E	I	N	D	S	C	H	A	F	T	A	B	C
N	I	T	E	N	R	Y	A	S	C	H	I	C	K	S	A	L
M	E	C	H	A	N	I	S	M	U	S	C	F	M	Y	I	O
I	K	O	S	B	H	Ä	U	F	C	H	E	N	O	X	E	F

2. *Trage die Nomen geordnet ein. Setze den Artikel (Geschlechtswort) davor.*

mit der Endung -ung:

mit -heit:

mit -keit:

mit -schaft:

mit -tum:

mit -nis:

mit -ismus:

mit -al:

mit -chen/-lein:

ACHTUNG

Hier wechseln Wörter ihre Wortart! – Zum Beispiel kann ein Verb zum Nomen werden!

1. *Groß- oder kleingeschrieben? – Setze ein.*

Wenn man lieber schweigen möchte

Es war der erste Schultag nach den Ferien. Linda erzählte (erzählen) ohne Ende. Beim _____ (schwimmen) im Meer hatte sie einen netten Jungen kennen gelernt. Leider hatten sie beim _____ (Abschied, nehmen) vergessen die Adressen auszutauschen.

Also _____ (reden) Linda die ganze Mathe-Stunde über. Und prompt erwischte sie Herr Schulz beim _____ (quatschen) und _____ (ermahnen) sie. Da _____ (nehmen) sie mein Klebeband, das auf dem Tisch _____ (liegen).

„Ich brauche es zum _____ (zukleben)“, flüsterte sie. – „Was willst du denn _____ (zukleben)?“, fragte ich. – „Meinen Mund, weil mir das _____ (schweigen) so schwer fällt.“

Dann machte sich Linda ans _____ (kleben): ein Streifen nach dem anderen. Manchmal _____ (müssen) sie die Hände vor ihren Mund halten, wenn Herr Schulz _____ (gucken). Die Klasse hatte inzwischen natürlich alles mitbekommen und konnte kaum das _____ (lachen) verbergen.

Später, in der Pause, machte sich Linda ans _____ (abnehmen) der Klebestreifen. Aber es ging nicht! Ich musste zum vorsichtigen _____ (zerschneiden) eine Schere holen.

2. *Löse die verschmolzenen Begleiter auf.*

zum Sehen	=	zu dem Sehen	vom Laufen	=	
zum Lesen	=		beim Atmen	=	
zum Essen	=		beim Hören	=	
am Bellen	=		im Gehen	=	
am Wedeln	=		im Fahren	=	
ans Einkaufen	=		ins Stolpern	=	
ans Reden	=		ins Rollen	=	
vom Üben	=		vom Spielen	=	
ins Grübeln	=		zum Lachen	=	

TIPP

Verben *(Zeitwörter/Tätigkeitswörter)* ***und Adjektive*** *(Eigenschaftswörter)* ***können zur Wortart Nomen wechseln.***
Als solche werden sie dann ***großgeschrieben.***
Bei Verben *kannst du das prüfen, indem du den sächlichen Artikel (Geschlechtswort) davor setzt. Prüfe am besten im ganzen Satz:* Mir macht **das Ü**ben Spaß. – **Das W**edeln des Hundes bedeutet Freude. – Lass doch **das L**achen!
Bei Adjektiven *setzt du Wörter wie* alles, viel, etwas, nichts, wenig *und* genug *davor:* Ich wünsche dir **alles G**ute. – Wir haben **viel S**chönes erlebt. *(Ein Adjektiv wechselt natürlich nicht die Wortart, wenn es ein Nomen näher beschreibt:* Ich wünsche dir **viele gute Jahre.** Du sollst **keine traurigen Zeiten** haben.)

1. *Setze die Wörter in der richtigen Schreibweise ein. Notiere dann in den Kreisen, in welche Kartei das jeweilige Wort gehört.*

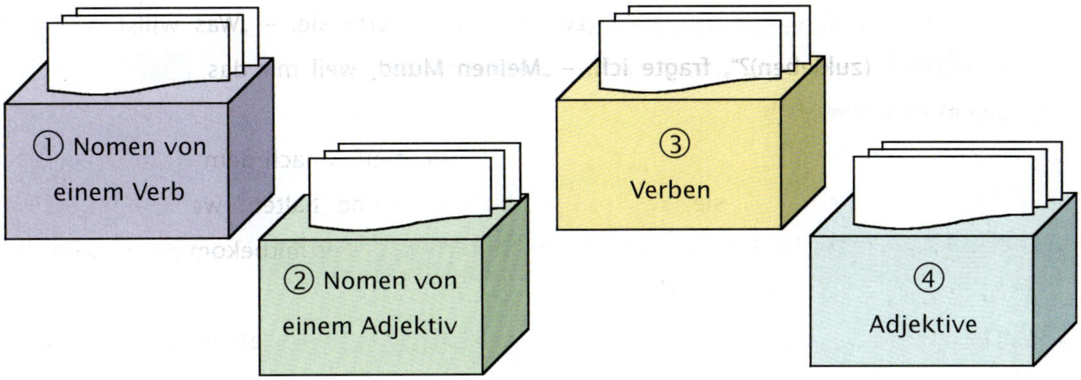

Der kleine Benny ist der Größte

An einem ____________ ④ (REGNERISCHEN) Nachmittag bin ich zu meinem ____________ ○ (BESTEN) Freund gegangen. Ich ____________ ○ (STÖRTE) Benny gerade beim ____________ ○ (SPIELEN) mit dem Computer. Da war ich natürlich der ____________ ○ (GLÜCKLICHSTE), als ich ____________ ○ (MITSPIELEN) durfte. Beim schnellen ____________ ○ (REAGIEREN) und im flinken ____________ ○ (ANKLICKEN) mit der Maus war ich aber noch nicht so ____________ ○ (GUT) wie Benny. „Das ____________ ○ (KOMMEN) vom vielen ____________ ○ (ÜBEN)“, sagte er ____________ ○ (STOLZ). Ich muss zugeben, dass aus unserer Klasse der ____________ ○ (KLEINE) Benny beim ____________ ○ (COMPUTER-SPIELEN) der ____________ ○ (GRÖSSTE) ist.

ACHTUNG

Hier wechseln Wörter in eine Wortart, die kleingeschrieben wird!

1. *Bei diesen Ausdrücken hilft nur pauken. Bilde Sätze und suche jeweils das verborgene Nomen.*

stattfinden	– Das Schulfest findet wieder statt.	– die Stätte
heimgehen	–	–
teilnehmen	–	–
standhalten	–	–
irreführen	–	–
wettmachen	–	–
trotz	–	–
zeit	–	–
dank	–	–
kraft	–	–

2. *Setze die Pronomen (Fürwörter) in der richtigen Schreibweise ein.*

Peinliche Fragen

„Warum hast (DU) ______ schon wieder keine Hausaufgaben?"

„Entschuldigen (SIE) ______, aber ich habe (IHNEN) ______ doch gestern schon gesagt, dass ich das nicht verstanden habe."

„Und (IHR) ______ beide? Dasselbe?"

„Ich hatte (SIE) ______ gemacht, aber dann hat (SIE) ______ mein Hund zerfetzt."

„Und ich hatte mein Heft bei (IHR) ______ vergessen. Das hat auch (IHR) ______ Hund zerfetzt."

„Und was ist (DEINE) ______ Entschuldigung heute?"

„Ich habe mich mit meinem Freund gestritten. Glauben (SIE) ______ mir, ich war so aufgeregt, dass ich (IHREN) ______ Aufgabenzettel ganz vergessen habe."

TIPP

Anredepronomen** (Anredefürwörter) wie **du, dir, ihr, euch** usw. werden **kleingeschrieben.** In **Briefen** kann man sie auch **großschreiben.
*Dagegen schreibt man die Höflichkeitsanreden **Sie, Ihr, Ihre, Ihnen** usw. **immer groß.***

ÜBUNGSTIPP

*Deine **Freizeit** ist wichtig und darf nicht zu kurz kommen! Achte deshalb auf eine gute **Zeiteinteilung.***
Überlege z. B. Folgendes:

- *Führst du einen Kalender? (Du behältst damit den Überblick über Geburtstage, Ferien, Klassenarbeiten, Feten usw.)*
- *Könnte dir ein Aufgabenheft helfen? (Jeder vergisst ja mal etwas.)*
- *Hast du dir schon einmal eine Wocheneinteilung gemacht? (Dabei helfen z. B. Pinnwand und Merkzettelchen.)*

Probiere die Tipps doch einfach mal aus. Auch Profis tun das.

1. *Setze die fehlenden Buchstaben ein.*

Wie ich am liebsten den Nachmittag verbringe

In der l__tzten Sch__lstunde kann ich meist gar nicht m__r richtig aufpassen. Ich m__ss dann immer sch__n an den Nachm__tt__g denken. Dann verbr__ngen meine Fr__ndin und ich ein p__r Stunden bei den Pferden.
Unsere L__blinge sind Grazielle und Wotan. Beide sind v__r J__re alt. W__r pfl__gen und füttern sie. Bei sch__nem Wetter dürfen wir auch einige B__nen reiten. Sonst f__ren wir Gr__zielle und W__t__n auf der W__se hin und her, damit s__ Bew__gung haben. Nur D__nstag und D__nnerstag haben wir keine Z__t. Dann habe ich Schwimmtr__ning, und meine Freundin m__ss __rer Mutter im L__den helfen.

TIPP

Wörter mit lang gesprochenem Vokal *(Selbstlaut) können unterschiedlich geschrieben werden, z. B.:*
mit ***einfachem Vokal:*** der St**a**r, l**e**ben, der B**i**ber, r**o**t, der M**u**t ...
mit ***h:*** die B**ah**n, f**eh**len, h**oh**l, der St**uh**l; die K**äh**ne, l**öh**nen, das Gef**üh**l ...
mit ***ie:*** das T**ie**r, l**ie**b, l**ie**gen, w**ie** ...
mit ***ieh:*** z**ieh**en, fl**ieh**en, das V**ieh** ...
mit ***ih:*** **ih**m, **ih**n, **ih**nen, **ih**r; **Ih**r, **Ih**re, **Ih**rem, **Ih**ren ...
Auf einen kurz gesprochenen Vokal *folgen fast immer zwei Konsonanten (Mitlaute):*
der Sch**a**tz, du l**e**nkst, schl**i**mm, der Fl**u**ss *usw.*
Aber: ab, am, an, im, in, man, ob *usw.*
Fremdwörter richten sich oft nicht nach dieser Regel: die Box, der Cup, fit, die Kamera, der Copy-Shop *usw.*

1. *Kreuze nur die passenden Buchstaben an und schreibe sie dann in die Lücken.*

a ( )	ah (x)	B ah nsch ie ne	i ( )	ie (x)
a ( )	ah ( )	unbez ___ lb ___ r	a ( )	ah ( )
a ( )	ah ( )	St ___ ldr ___ t	a ( )	ah ( )
ä ( )	äh ( )	ausw ___ l ___ n	e ( )	eh ( )
e ( )	eh ( )	B ___ rgh ___ le	ö ( )	öh ( )
e ( )	eh ( )	l ___ b ___ ndig	e ( )	eh ( )
ä ( )	äh ( )	b ___ renst ___ rk	a ( )	ah ( )
ü ( )	üh ( )	Fr ___ n ___ bel	e ( )	eh ( )
o ( )	oh ( )	R ___ tk ___ l	o ( )	oh ( )
e ( )	eh ( )	b ___ f ___ len	o ( )	oh ( )
u ( )	uh ( )	h ___ ndem ___ de	ü ( )	üh ( )
u ( )	uh ( )	Bl ___ menk ___ bel	ü ( )	üh ( )
a ( )	ah ( )	n ___ rh ___ ft	a ( )	ah ( )
e ( )	eh ( )	schw ___ rel ___ s	o ( )	oh ( )
u ( )	uh ( )	___ rt ___ rm	u ( )	uh ( )
i ( )	ie ( )	l ___ bl ___ s	o ( )	oh ( )
e ( )	eh ( )	h ___ rrl ___ ch	i ( )	ie ( )
i ( )	ie ( )	V ___ lfr ___ ß	a ( )	ah ( )
ö ( )	öh ( )	r ___ tl ___ ch	i ( )	ie ( )

1. *Diese Wörter musst du dir gut einprägen. Schreibe sie in dein Übungsheft und bilde Sätze damit.*

das Lied, das Geburtstagslied; das Lid, das Augenlid; die Miene, das Mienenspiel; die Mine, die Bleistiftmine; wieder (= noch einmal), wiederkommen, wiederholen; wider (= gegen), widersprechen, mit Widerwillen, widerspenstig

ACHTUNG

Hier kommen Wörter mit Doppelvokal (Doppelselbstlaut) vor!

2. *Ergänze die Sätze.*

Sabrina trägt eine rote Spange im ____. – Er schleuderte den ____ dreißig Meter weit. – Pass auf, dass du nicht im ____ versinkst! – Kennst du dieses P____? – Der ____ ist mir zum Trinken zu heiß! – Im ____ gibt es interessante Tiere zu sehen. – Gib mir bitte ein ____ Äpfel. – Bitte ____ den Mülleimer aus. – Der Waldboden ist ____ bedeckt.

3. *Schreibe die Ausdrücke daneben und präge sie gut ein.*

sich ins Taschentuch schnäuzen –

die Fahne schwenken –

mit überschwänglicher Freude –

älter als meine Eltern –

lauter vertrocknete Stängel –

eine aufwändige Feier –

behände heißt flink –

ein Quäntchen Glück –

in die Schänke gehen –

gern etwas verschenken –

jemanden kräftig verbläuen –

die Gämse steht auf dem Felsen –

die Lärche ist ein Baum –

die Lerche ist ein Vogel –

das ist uns ein Gräuel –

1. *Ergänze die Lücken.*

Aus der Steinzeit

In der Altsteinzei__ le__ten die Menschen als Jä__er und Sammler. Sie schütz__en sich vor Kälte und Win__ durch Zwei__e, Felle und hinter Fel__wänden. Zur Herstellun__ von Wer__zeu__ und Waffen nahm ma__ Steine, __nochen und Hol__. Erle__te Tiere wurden vollständi__ __erwertet. Das Fleisch wurde natürlich ge__essen. Die übrigen Dinge benutz__en die Stein__eitmenschen für die Bewältigung ihrer ta__tä__lichen Bedür__nisse.

2. *Finde die richtige Schreibweise heraus.*

fragliches Wort	Problem	Verlängerung verwandtes Wort	richtige Schreibweise
run◆	d/t	abrunden, die Rundung	rund
er wie◆t	/		
sie lo◆te	/		
das Ra◆	/		
wir◆lich	/		
tau◆	/		
der Ra◆	/		
abgena◆t	/		
lie◆	/		
die Schul◆	/		
lusti◆	/		
der Ty◆	/		
wer◆voll	/		

ACHTUNG

Die Fehlerwörter kannst du ermitteln durch: verlängern, laute und deutliche Aussprache sowie durch Vergleich mit verwandten Wörtern!

1. *Vorsicht: Fehler! – Streiche die 16 falsch geschriebenen Wörter mit dem Lineal durch und trage sie unten berichtigt ein.*

Germanen und Römer

In der Bronzezeit war ein neues ~~Vollk~~ entstanden, die Germanen. Sie haten ihre eigenen Göter, lebten in Miteleuropa und triebben Ackerbau und Viehzucht. Sie waren aber auch gut bewaffnett: mit Lanzen, Schwertern, Pfeilen und Äxten.

Von Süden her hatten sich die Römmer nach Norden ausgedehnt und waren die Nachbarn der Germannen geworden. Eine Grennze wurde erichtet. Ein Wal, Türme und Kastelle solten sie sichern. Aber die Germanen konten diese Befestigungen imer wieder überwinden. Das verhinderten am Schlus auch die größten römischen Feldheren nicht mehr.

Volk –

2. *Setze die fehlenden Konsonanten (Mitlaute) ein.*

Das Geld bei den Germanen und Römern

Den Germanen dienten Münzen zue___t nur als Rohmeta___vorrat, manchmal auch als Schmu___. Als eige___tliches Geld brauchten sie es se___ener, de___ sie trieben im Wese___lichen Tau___handel.

Die Germanen schä___ten besonders die älteren und verzierten Geld___ücke der Römer. Das hat uns ein römi___er Geschi______eiber überliefert. Von ihm wi___en wir auch, da___ sie lieber Silbermünzen benu___ten als Go___stücke. Denn sie kauften mei___ nur einfache Dinge ein.

Z	Y	F	A	L	L	E	N	X	Y	V	A	T	E	R	A	F
P	V	E	P	F	Ü	R	P	G	V	O	R	C	P	F	U	I
F	I	R	F	E	M	P	F	E	H	L	E	N	Z	Z	F	E
A	E	T	L	I	B	F	E	F	Q	L	Y	V	O	G	E	L
N	R	I	Ü	L	E	U	I	E	Z	D	A	M	P	F	E	N
N	F	G	G	E	R	N	L	H	P	F	I	R	S	I	C	H
E	R	Q	E	N	U	D	E	L	V	E	I	L	C	H	E	N
Q	E	X	N	E	F	F	E	T	P	F	A	U	N	E	R	V
V	I	E	L	V	O	N	V	I	E	L	L	E	I	C	H	T

1. *Markiere alle Wörter mit f-Laut. Trage sie dann geordnet in die Tabelle ein.*

mit *f*	**mit *v***	**mit *pf***
fallen	Vater	Pfanne

TIPP

*In der **Vorsilbe** **ver-** schreibt man immer* **v:**
versuchen, **ver**laufen, **ver**traut; das **Ver**fahren, der **Ver**kehr, der Straßen**ver**kehr, die **Ver**einigung, die Wieder**ver**einigung *usw.*
*Am **Wortanfang deutscher Wörter** kommt* **v** *sonst nur sehr selten vor:*
der **V**etter, **v**iel, der **V**ogel, **v**on, **v**orn, das **V**ieh, **v**ielleicht, das **V**olk, **v**oll, der **V**ogt *usw.*

ACHTUNG

Hier handelt es sich um Wörter mit x-Laut!

1. *Ergänze die Wörter und ordne sie ein.*

Ta___i, Fu___, werkta___, lin___, Kni___, Rettun___boot, O___e, bo___en, schla___ig, Kla___, Bü___e, Pra___is, unterwe___, Ni___e, dei___eln, Mur___, Kle___, Ke___, zwe___, mitta___, Wa___, e___tra, Eide___e, mi___en, geradewe___, anfan___, se___, A___t, Vol___wagen, die Tan___, Kucku___uhr, schnurstra___, neuerdin___, halblin___, kle___en, Le___ikon, rin___herum, we___eln, Ko___, mu___mäuschenstill, Schla___

Wörter mit *x*	Wörter mit *chs*	Wörter mit *gs*
Taxi	Fuchs	werktags

Wörter mit *ks*

Wörter mit *cks*

TIPP

Nach l, n, r *– das merke ja – steht nie* tz *und nie* ck!

2. *Vervollständige die Sätze und schreibe sie in dein Übungsheft.*

Mie___ und Mau___, die Ka___en, pu___en ihre Ta___en. – Der Me___ger we___t das Me___germesser mit dem We___stein. – Die Ka___en kra___en im Ka___enkasten. – Vier di___e Nichten dichteten im Fichtendi___icht. – Spi___e und Pudel trinken spri___enden Sprudel. – Der Potsdamer Postkutscher pu___t die Po___damer Postkutsche bli___blank.

ACHTUNG

Den s-Laut kann man schreiben als: s, ss oder ß!

1. *Fülle die Lücken.*

Dabei dürfen wir uns nicht erwischen lassen

Wie man es anstellt, in der gro_en Pau_e nicht nach drau_en zu mü_en, ha_t du wahrscheinlich selbst schon au_probiert. – Wenn man dann _o mit _einem Freund durch die Kla_en und Flure pirscht, trifft man mei_t auch ein paar von den Gro_en. Sie kommen zu un_ rüber um zu rauchen. Um die_e Typen _ollte man einen Rie_enbogen machen, damit man nicht mit ihnen zu_ammen von der Auf_icht gefa_t wird. In der Advent_zeit findet man in fa_t allen Kla_en Rei_ig und Wach_kerzen. Da la_en wir un_ schon mal dazu hinrei_en, ein bi_chen zu kokeln. Bi_her hat da_ noch keiner gemerkt. Natürlich gibt e_ noch manchen anderen Spa_, bei dem man _ich nicht ertappen la_en _ollte ...

2. *Setze Reimwörter mit s oder ß ein.*

hau_en	rei_en	gie_en	rei_en
s_ _ _ _ _	sp_ _ _ _ _	fl_ _ _ _ _	b_ _ _ _ _
br_ _ _ _ _	E_ _ _ _	sch_ _ _ _ _	h_ _ _ _ _
z_ _ _ _ _	ber_ _ _ _ _	sp_ _ _ _ _	schw_ _ _ _ _
l_ _ _ _ _	ver_ _ _ _ _	schl_ _ _ _ _	w_ _ _ _ _
m_ _ _ _ _	verr_ _ _ _ _	spr_ _ _ _ _	abb_ _ _ _ _
schm_ _ _ _ _	bew_ _ _ _ _	gen_ _ _ _ _	schm_ _ _ _ _

3. *Bilde Verkleinerungsformen.*

die Nase	–	das Näschen	die Tasse	–	das Tässchen
der Hase	–		die Straße	–	
das Haus	–		die Gasse	–	
die Maus	–		der Strauß	–	
die Rose	–		das Ross	–	

1. *Setze die fehlenden Buchstaben ein.*

Warum ich diese Gruppen so gern mag

Am Wochenende bleibe ich gern zu Haus und sehe mir die aben_li_e Sendun_ über neue Musi_-Gruppen an. Einmal war ich völli_ we_! Als schließli_ der Name der Gruppe eingeblende_ wurde, war mir klar: Ich werde Fan der *Adventure Boys.*

Das sind vier ungewöhnli_e Jungs. Sie sind immer fröhli_, inzwischen wahnsinni_ erfolgreich geworden und trotzdem einmali_ bescheiden geblieben. Als ehrgeizi_er Fan sammle ich alles Mögli_e von den *Adventure Boys:* Poster, Karten, Berichte und natürli_ CDs. Zum Geburtsta_ bekam ich drei neue Platten. Ich war glückli_!

Aber ich bin nicht einseiti_. Es gibt da noch eine andere Gruppe, die ich ma_. Sie besteht aus elf total unterschiedli_en Leuten. Einige sind schlan_, andere eher molli_. Auch altersmäßi_ unterscheiden sie sich erhebli_. Hast du es schon erraten? Es ist die *Roll Over Family.*

Ich muss ehrli_ sagen, diese Gruppe ist völli_ OK. Die Leute haben einen unglaubli_en Sound und bringen immer wieder ungewöhnli_e Titel heraus. Tommy finde ich übrigens schreckli_ süß. Er sieht super aus, spielt toll Schla_zeu_ und ist ein bisschen flippi_.

Von meiner Tante habe ich eine Konzertkarte geschenkt bekommen. Ich freue mich schon wahnsinni_ auf die Veranstaltun_. Vielleicht kommt meine beste Freundin Julia auch mit.

TIPP

Wenn du den Konsonanten (Mitlaut) am Silben- oder Wortende nicht genau heraushören kannst, verlängere das Wort oder suche nach verwandten Wörtern:
die Sendun**g** – die Sendun**g**en, er lo**b**t – lo**b**en, aben**d**liche – die Aben**d**e, aben**d**lich – aben**d**liche, molli**g** – molli**g**e *usw.*

1. *Setze zu neuen Nomen zusammen.*

Auto + Bahn	➜	Autobahn
Wasser + Glas	➜	
Salat + Schüssel	➜	
Berg + Bahn + Station	➜	
Kleid + Bügel + Haken	➜	
Dame + Hand + Schuh	➜	
hundert + dreißig + drei	➜	
tausend + dreihundert + vier	➜	
sieben + Meile + Stiefel	➜	

TIPP

Wenn aus verschiedenen einzelnen Wörtern ein neuer Begriff mit eigener Bedeutung entsteht, schreibt man das neue Wort zusammen.

2. *Manche zusammengesetzte Verben trennen sich beim Gebrauch im Satz wieder. Sie bilden eine Verbklammer. – Schreibe die Sätze zu Ende.*

abbeißen – Jan **beißt** sich ein Stück Schokolade ___.
anziehen – ___ doch das rote T-Shirt an.
dafürstimmen – **Stimmst** du auch wieder ___?
drinbleiben – ___ doch bitte ___!
hinablaufen – Alle ___ den Hügel ___ zum Bach.
vorhersagen – Ich ___ dir das ___.

3. *Bilde möglichst viele Verben (Tätigkeitswörter) mit den Vorsilben* hinaus-, runter-, weg-, vor- *und* ab-.

TIPP

Manche eng zusammengehörenden Wortgruppen werden getrennt geschrieben, wenn man sie erweitern oder steigern kann.
Du prüfst das so:
schnell fahren – schnell mit dem Rad fahren: *Erweiterung möglich, also getrennt schreiben.*
sauber schreiben – sauberer schreiben: *Steigerung möglich, also getrennt schreiben.*
Aber: sich totlachen, fernsehen, sich bereithalten, sich bereitfinden, alles bereithalten, wahrsagen *usw.*

1. *Gut einprägen musst du dir diese Ausdrücke. – Schreibe sie auswendig daneben.*

Angst haben	–	kopfstehen	–
Auto fahren	–	Rad fahren	–
Rollschuh laufen	–	Ski laufen	–
irrewerden	–	nottun	–
bankrottgehen	–	eislaufen	–
spazieren gehen	–	standhalten	–
leidtun	–	Schlange stehen	–
teilnehmen	–	Not leiden	–

2. *Achtung! Zusammengeschriebene Ausdrücke wie in Nr. 1 können sich im Satz lösen bzw. aufteilen. Ergänze:*

Durch diesen Lärm ______ wir ganz ______. (irrewerden) – Diese Firma ______ ______. (bankrottgehen) – ______ sollte er uns aber nicht ______. (leidtun) – Die ganze Klasse ______ plötzlich ______. (kopfstehen) – Keiner ______ an der AG ______. (teilnehmen)

3. *Entscheide: zusammen oder getrennt? – Benutze ein Wörterbuch.*

Weil Sabrina ihre ______ (Hand + Schuhe) ______ (wieder + finden) hatte, kam sie ______ (Freude + strahlend) nach Hause. – Bastian und Steffi konnten ______ (froh + locken), denn sie mussten noch nicht ______ (Heim + fahren). – Auch im ______ (Schule + Bus) darf man nicht ______ (schwarz + fahren). – Bei Vollmond könnte er ______ (Schlaf + wandeln). – Lasst uns die Arbeit ______ (voll + enden).

1. *Versuche die Fremdwörter des Textes zu erklären. Setze dazu jeweils eine der Erklärungen aus der Wortsammlung ein.*

~~alle Länder betreffende~~ – Gegend – Handlungen – größere Vorhaben – zustimmende – bedenkliche – einbezogen – ablehnende – Ort im Mittelpunkt – Gelegenheit – Einfälle – vorstellen – drückt aus – beste – besonders

Weltausstellung in Hannover

Das Jahr 2000 hat die erste globale (= alle Länder betreffende) Ausstellung nach Deutschland gebracht. Als Zentralort (= ______) war Hannover bestimmt worden.

Eine EXPO ist stets eine große Chance (= ______) für eine Region (= ______), sich mit besonderen Ideen (= ______), Aktionen (= ______) und Projekten (= ______) zu präsentieren (= ______). Bevor eine solche EXPO dann wirklich durchgeführt wird, gibt es von vielen Seiten positive (= ______) wie auch kritische (= ______) und negative (= ______) Stellungnahmen. Jede Seite formuliert (= ______) eben ihre Meinung.

Die EXPO 2000 in Deutschland hat auch unsere Schulen integriert (= ______). Sie sollten sich speziell (= ______) damit befassen, wie in Zukunft der optimale (= ______) Schulalltag aussehen könnte.

2. *Trage das zugehörige Fremdwort ein.*

Staat, Volk	N O I T A N	
erster Fall, Wer-Fall	N O T I V A N I M	
vollständig, ganz	O L A T T	
Vereinigung	N I O N U	
großartig, vollendet	N I A L E G	
besonderes Ereignis	S E N T I O N S A	
Ermittler	D E T I V T E K	
vollkommen	L E A D I	
Handlung	A K O T I N	
angriffslustig	V E S S I R G G A	
die Angestellten	S O N A L R E P	
das Malnehmen	K A P L I T I O N M U L T I	
vervielfältigen	E N P I E R K O	

1. *Versuche, diese Geheimbotschaft zu entschlüsseln. Teile dazu die Silben durch senkrechte Striche ab und schreibe die Lösung dann auf.*

OLI|MAP|IST|TERHINDERTAFELSTECKTVERVERSDERPE

Olivers Mappe ___ ___ ___ ___ ___.

2. *Verschlüssele jetzt diesen Satz:*

DAFÜR HABE ICH SEINE TURNSCHUHE AUS DEM FENSTER GEWORFEN

TIPP

Am Zeilenende können Wörter so getrennt werden, wie sie sich beim langsamen Sprechen in Silben zerlegen lassen. Dabei darf der Sinn nicht verändert werden: Pfer-de-stall, Knäu-el, So-cken, be-in-hal-ten usw.
Einzelne Vokalbuchstaben am Wortanfang oder Wortende werden nicht abgetrennt, auch nicht in Wortzusammensetzungen: Ge-trei-de-**kleie**, **Amei**-se, Mai-**abend** *usw.*

3. *Trage die fehlenden Trennsilben ein.*

Him-___-tor-te, Ele-___, Klas-___-raum, Haus-___-ga-___-heft, ___-rad-ket-___, Klin-___, an-spit-___, ver-___-fen, ab-___-ßen, ___-nach-ten, He-___-knus-___-häus-___, Zu-___-wat-te, Don-___-tag-___-tag, Fens-___-putz-___-tel, ___-ser-___-xe

4. *Trenne die folgenden Wörter so, dass der Sinn erhalten bleibt.*

Spargelder –	Altbauerhaltung –
beinhalten –	Blutegel –
Druckerzeugnis –	Druckerzeugnis –

5. *Manche Wörter kann man auf zwei Weisen trennen! – Benutze ein Wörterbuch.*

Heliko-pter und ___

hi-nauf und hin-auf
wa-rum und ___
___ und her-an
___ und vor-aus
___ und in-ter-es-sant

1. *Vervollständige die Sätze mit einzelnen Wörtern und Wortgruppen. Setze dann die Kommas.*

~~Rechner~~, Monitor, Tastatur, Maus, Drucker; Messer, spitze Scheren, Feuerwerkskörper, andere gefährliche Gegenstände; einen Vogel, einen Käfig, Vogelfutter, einen CD-Spieler, ein Paar Kopfhörer, drei CDs

Zum Computer gehören der Rechner, der ________ die ________ die ________ und der ________.

________ ________ ________ sowie ________ dürfen nicht in die Schule mitgebracht werden.

Zum Geburtstag wünsche ich mir ________ ________ ________ oder ________ ________ und ________

Draußen ________ ________ ________ es.

TIPP

Nach einem Aussagesatz steht ein ***Punkt.*** *(Der Punkt steht nicht nach einer Überschrift.) Nach einem Fragesatz steht ein* ***Fragezeichen.*** *Ein* ***Ausrufezeichen*** *steht nach einer Aufforderung, nach einem Befehls- und einem Wunschsatz. Diese Satzschlusszeichen stehen immer am Ende des ganzen Satzes. Der Ganzsatz kann kurz, aber auch recht lang sein und aus mehreren Einzelsätzen bestehen.*
Zwischen den zusammengehörenden Teilen einer Aufzählung steht ein ***Komma.*** *Anstelle des Kommas kann auch eine* ***Konjunktion*** *(Bindewort) stehen wie* und, oder, wie, sondern, aber *usw.*

Er trat aus dem Zelt. Ein paar Wolken waren zu sehen. Sonst war der Himmel blau. Gestern hatte es ein Gewitter gegeben. Heute würde es trocken und sehr heiß werden. Die Pferde scharrten mit den Hufen. Sie wollten bewegt werden.
Da erregte etwas seine Aufmerksamkeit. Am Horizont war ein auffälliger Punkt zu sehen. Aus dem Punkt wurde ein bewegter Schatten. Der Schatten wuchs zu einem Reiter heran. Er hatte also Wort gehalten. Auf ihn war Verlass. Der Freund war gekommen. Es konnte losgehen.

1. *So beginnt ein Abenteuerroman. – Er besteht am Anfang nur aus Hauptsätzen. Manche gehören so eng zusammen, dass man anstelle des Punktes ein Komma setzen kann. Manchmal kann man auch* **und** *einfügen. Schreibe den Text in dein Übungsheft und versuche das.*

TIPP

Zwischen Hauptsätzen *steht normalerweise ein* ***Punkt.*** *Wenn sie eng zusammengehören, kann anstelle des Punktes auch ein Komma stehen:* Ein paar Wolken waren zu sehen, sonst war der Himmel blau.
Zusätzlich zum Komma können auch Konjunktionen (Bindewörter) wie und, oder, aber, denn *usw. eingefügt werden. Dann kann das Komma auch entfallen.*

2. *Schreibe den Text ab und setze die Zeichen: Punkte oder Kommas. – Vergiss nicht, die Satzanfänge großzuschreiben.*

der Reiter kam immer näher jetzt konnte man ihn erkennen das Gesicht war braun ein leichter Bart hatte die Wangen bedeckt aber die Augen blitzten unter dem Hut wie eh und je sie brauchten keine Begrüßungsworte ein Handschlag genügte der eine war ausgeruht der andere fühlte sich matt er war hungrig und vor allem hatte er einen riesigen Durst vierundzwanzig Stunden im Sattel waren hart er hatte sich jetzt Ruhe verdient aber morgen früh würde es losgehen das hatten sie sich geschworen er wusch sich und der Freund kümmerte sich um das Pferd

1. *Schreibe den Text ab und setze die Zeichen. – Achte auf die Satzanfänge!*

früh am Morgen stand er auf weil er keine Zeit verlieren wollte der Freund war auch schon wach obwohl er am Tag zuvor lange geritten war
Er wusch sich während der andere Kaffee kochte es gab ein kräftiges Frühstück damit sie diesen Tag gut durchhalten würden
Nach dem Frühstück brachen sie auf vorneweg ritt der Ältere dahinter trottete das bepackte Maultier und dann folgte der Freund weil er sich hier nicht auskannte
vier Stunden lang zog die kleine Karawane dahin dann legten sie an einem Bachlauf eine Pause ein damit die Tiere getränkt werden konnten darauf ging es gleich weiter denn das erste Tagesziel war noch weit
hier ahnten sie noch nicht dass sie es nicht erreichen würden ...

TIPP

Zwischen Hauptsatz und Gliedsatz (Nebensatz) steht immer ein Komma.
Gliedsätze erkennst du meist an Bindewörtern wie weil, obwohl, als, während, damit, dass, indem, nachdem, bevor *usw.*

1. *Kreise* das *und* dass *ein.*

Was mir nicht gefällt

Mich stört das frühe Aufstehen am Morgen. Auch finde ich nicht gut, dass der Schulbus immer so voll ist, dass die großen Schüler uns nicht auf die Sitzplätze lassen und dass alle so fürchterlich drängeln.

Aber ich glaube, das wird sich so schnell nicht ändern. Und da gibt es noch etwas, das mich nervt. Das ist nämlich das ständige Palaver, das unsere Jungs um ihre Fußball-Clubs veranstalten.

TIPP

Wenn du nicht genau weißt, ob du **das** *oder* **dass** *schreiben musst, dann probiere Folgendes:*
Versuche, **dieses** *oder* **welches** *dafür einzusetzen. Wenn es geht, schreibe* das, *sonst* dass.
Beispiel: Ich glaube, **das** (= dieses) wird sich nicht ändern. – Ich glaube, **dass** (---) es sich nicht ändern wird.

2. *Prüfe und setze* das *oder* dass *ein.*

Was mir nicht gefällt

Mich stört, ______ ich am Morgen so früh aufstehen muss. Auch finde ich ______ Drängeln der großen Schüler im Schulbus nicht gut, ______ sie uns nicht auf die Sitzplätze lassen und ______ der Bus immer so voll ist. Aber ich glaube, ______ sich ______ nicht so schnell ändern wird.

Und da gibt es noch etwas, ______ mich nervt. ______ nämlich unsere Jungs ______ ständige Palavern um ihre Fußball-Clubs nicht sein lassen können.

1. *Füge die fehlenden Satzzeichen ein.*

Am Telefon

Julia und Kathrin sind an verschiedenen Schulen gelandet Am Telefon erzählen sie sich von ihren neuesten Erlebnissen

Julia fragt Gibt es bei euch denn jemanden, den ich auch kenne – An den Tobias müsstest du dich eigentlich noch erinnern Ihr beide wart zusammen in der 4. Klasse – Meinst du fragt Julia den Tobias, der immer von den Mädchen Prügel kriegte – Ja, der ist es ruft Kathrin lachend in den Hörer Aber den erkennst du nicht mehr wieder. Der hat sich völlig verändert. Er ist groß und kräftig geworden und eigentlich ein prima Kerl – Höre ich da etwa ein bisschen Bewunderung heraus fragt Julia – Um Gottes willen antwortet Kathrin schnell. Das fehlte mir noch

Sie ist froh, dass Julia nicht sieht, wie sie ein wenig rot geworden ist.

Kathrin, bist du noch dran – Na klar Was gibt's sonst Neues – Einen renovierten Klassenraum erzählt Julia haben wir jetzt endlich bekommen Aber eine Wand ist schon wieder voller Fußball-Poster Und darüber streiten sich ständig die Fans der beiden großen Vereine – Das kenne ich stimmt Kathrin bei – Noch eine tolle Neuigkeit berichtet Julia weiter muss ich dir erzählen Gleich hinter unserem Schulgebäude befindet sich eine Reithalle Und demnächst machen wir eine Projekt-Woche Rate mal, bei welchem Projekt ich mitmache – Beim Reiten etwa – Ja, ist das nicht toll Unsere Lehrerin und ein Vater haben das organisiert – Julia, ich komme zu euch an die Schule, wenn ich das höre ruft Kathrin ganz aufgeregt – Geht ja leider nicht Kathrin Aber besuch mich doch mal

TIPP

*Die **wörtliche Rede** kommt meist in einer dieser drei Formen vor:*

Marco sagt: „Ich habe die Scheibe nicht zerbrochen." –

„Ich war es auch nicht!", ruft Kim. – „Aber ich habe gesehen", ergänzt sie, „wie die Großen den Ball dagegen geschossen haben."

Das kannst du jetzt

Groß- und Kleinschreibung

- *Das erste Wort im Satz oder in einer Überschrift schreibt man groß. Sonst werden Nomen normalerweiser großgeschrieben, ebenso Anredefürwörter wie* Sie, Ihre *usw. Im Brief kann man persönliche Anreden* (du / Du ...) *einheitlich groß- oder kleinschreiben.*
- *Verben (Zeitwörter/Tätigkeitswörter) können zur Wortart Nomen wechseln. Dann werden sie großgeschrieben.* (Das **R**echnen macht Spaß. – Das **K**nurren des Hundes ...)
- *Adjektive (Eigenschaftswörter/Wiewörter) können ebenfalls zur Wortart Nomen wechseln. Sie werden dann auch großgeschrieben.* (Ich wünsche dir alles **G**ute.)
- *Kleingeschrieben werden dagegen Wörter, die aus Nomen entstanden sind und die Merkmale eines Nomens verloren haben.* (Wir sehen uns **m**ittags! – Wir gehen **h**eim.)

Gleich klingende Vokale (Selbstlaute)

- *Wörter mit lang gesprochenem Vokal können unterschiedlich geschrieben werden: mit einfachem Vokal:* der H**u**t, br**a**v, h**e**ben; *mit* ie: Kn**ie**, l**ie**b, w**ie**gen; *mit* ieh: V**ieh**, fl**ieh**en, z**ieh**t; *mit Doppelvokal:* H**aa**r, l**ee**ren, m**oo**rig; *mit Dehnungs-*h: f**ah**ren, Erz**äh**lung, F**äh**re, h**oh**l, f**eh**lt

Gleich klingende Konsonanten (Mitlaute)

- *Auf einen lang gesprochenen Vokal folgt meist nur ein Konsonant:* der W**a**l, d**e**n, r**o**t
- *Nach einem kurz gesprochenen Vokal folgen fast immer zwei oder mehrere Konsonanten:* der W**a**ll, d**e**nn, die R**o**tte, du s**o**nnst dich, der Schwi**mm**we**tt**ka**mpf**
- *Die Vorsilbe* **ver-** *schreibt man immer mit* **v**: **ver**suchen, **ver**laufen, **Ver**trautheit
  Am Wortanfang deutscher Wörter kommt v *sonst nur sehr selten vor:* **V**etter, **v**iel, **V**ogel, **v**on, **v**orn, **V**ieh, **v**ielleicht, **V**olk, **v**oll, **v**ordere, **V**ogt
- **tz** *steht nur nach kurzem Vokal, niemals nach einem langen Vokal oder einem Konsonanten:* Sa**tz**, tro**tz**dem, anspi**tz**en
- *Das stimmhafte (gesummte)* **s** *schreibt man einfach* **s**: der Ha**s**e, le**s**en, ro**s**ig
  Ebenso das stimmlose (gezischte) **s**, *wenn die verlängerte Form ein gesummtes* **s** *enthält:* das Gra**s** – Grä**s**er, er la**s** – le**s**en, lieblo**s** – die Lieblo**s**igkeit
- *Das stimmlose* **s** *nach langem Vokal schreibt man* **ß**: der Fu**ß**, gie**ß**en, grü**ß**t
  Nach kurzem Vokal schreibt man es dagegen **ss**: der Flu**ss**, e**ss**en, ein bi**ss**chen

Zusammen- und Getrenntschreibung

- *Entsteht aus zwei oder mehr Wörtern ein neuer Begriff, dann wird das neue Wort zusammengeschrieben:* schnell + Straße → Schnellstraße, Blitz + schnell → blitzschnell

Fremdwortschreibung

- *Viele Fremdwörter erkennt man schon an ihren typischen Endungen wie* **-tion, -iv, -al.**

Worttrennung

- *Am Zeilenende werden Wörter so getrennt, wie es sich beim langsamen und deutlichen Sprechen ergibt. Ein einzelner Buchstabe am Wortende wird nicht abgetrennt.*

Zeichensetzung

- *Nach dem Aussagesatz steht ein Punkt. Nach dem Ausrufesatz ein Ausrufezeichen und hinter dem Fragesatz ein Fragezeichen. – Gehören mehrere Hauptsätze eng zusammen, kann zwischen ihnen anstelle des Punktes auch ein Komma stehen.*
- *Zwischen Haupt- und Nebensatz (Gliedsatz) steht immer ein Komma.*
- *Zwischen den Teilen einer Aufzählung steht ein Komma oder eine Konjunktion.*
- *Die wörtliche Rede kommt meist in einer dieser drei Formen vor:* Marco sagt: „Ich habe die Scheibe nicht zerbrochen.“ – „Ich war es auch nicht!“, ruft Kim. – „Aber ich habe gesehen", ergänzt Ulli, "wie die Großen einen Ball hineingeschossen haben.“

1. *Fülle die Lücken und setze die fehlenden Zeichen.*

Sabrinas Mütze ist weg

Seit der __roßen Pause ist Sabrinas Mütze weg Sie __chreibt dazu den __olgenden Bericht:

__ir haben uns auf dem __chulhof mit den __ungen ein __isschen gekabbelt Dabei habe ich Bastian __egen Benny geschubst Der ist beinahe __mgefallen und hat __ir deshalb meine __eue Mütze vom Kopf gerissen Dann hat Wiebke __ie erwischt und __ollte sie __ir wiedergeben Aber das __ollte ich nicht Benny sollte die __ütze nehmen und sie mir __efälligst in die __and geben Da hat Wiebke die Mütze __allen gelassen Und __lötzlich klingelte es und __lle stürmten zur __roßen Glastür Seitdem ist meine __chöne __eue Mütze weg!

2. *Setze ein.*

Verhalten als Fahrradfahrer

Sobald du dein F__rrad sch__bst, hast du am Z__brastreifen Vorrang wie ein Fuß-g__nger. Für den f__renden F__rradfa__rer g__lt das jedoch nicht. Deshalb ist es immer besser und s__ch__rer abzusteigen, sodass der fl__ßende Verk__r warten muss. Auch für dich ist es ein Verg__en, eine Einb__nstraße oder den Radw__g in der falschen R__chtung zu benutzen. Das F__ren auf G__wegen ist ebenfalls verb__ten.

Grunds__tzlich ist immer der r__chte Radweg zu bef__ren. Ist nur ein einz__ger Rad-weg vorhanden, darf er auch in der Gegenr__chtung benutzt werden, falls d__ses durch ein Verk__rszeichen freigegeben ist.

Kinder bis zu acht J__ren m__ssen, Kinder bis zu z__n Jahren dürfen mit __rem Rad den G__weg benutzen. In Ausn__mefällen k__nnen sie auch auf der F__rbahn fahren.

3. *Setze alle fehlenden Zeichen und trage* das *oder* dass *ein.*

Der betrogene Teufel

In der Sächsischen Schweiz liegt im Liebethaler Grund eine schöne romantische alte Mühle Manche sagen ____ es mit dieser Mühle nicht mit rechten Dingen zugehe Ein alter Förster hat die folgende Sage erzählt

Vor vielen Jahren hatten hier ein Müller und eine Müllerin eine Mühle ererbt Weil sie aber schon sehr baufällig war taugte sie nur noch wenig zum Broterwerb Als in einer finsteren stürmischen und unheimlichen Gewitternacht beide sorgenvoll zusammensaßen sagte der Müller für sich hin Wer wird uns wohl das Geld borgen ____ wir zum Erneuern und Bauen brauchen

Kaum hatte er's ausgesprochen da polterte der Teufel persönlich zur Tür herein und forderte die beiden Alten auf Schließt einen Pakt mit mir und ich baue euch eine neue Mühle und gebe euch Geld obendrein Und er legte ihnen einen Schein vor, auf dem stand: Wer beim Morgengrauen zuerst aus diesem Hause schaut, soll dem Teufel gehören

Da nahm die Müllerin das Papier ____ vor ihr lag, und unterschrieb's Der Müller tat's zitternd nach

Flugs entstand eine neue Mühle ____ die beiden Alten Augen machten Aber bald kam das Morgengrauen ____ der Teufel schon sehnlichst herbeisehnte Da holte die Müllerin ihren Esel und setzte ihm die Nachtmütze ihres Mannes auf so ____ er aussah wie der Müller Dann schob sie seinen Kopf durchs Fenster und sofort fasste der Teufel das Tier und riss es mit sich in die Tiefe Erst in der Hölle merkte er ____ er betrogen worden war Aber das half nichts mehr Und die Müllersleute hatten eine schöne Mühle und lebten darin gut bis an ihr Ende.

BEWERTUNG

0 – 3	FEHLER:	SEHR GUT
4 – 8	FEHLER:	GUT
9 – 12	FEHLER:	BEFRIEDIGEND
13 – 16	FEHLER:	AUSREICHEND
ÜBER 16	FEHLER:	DU MUSST NOCH ÜBEN!

KAPITEL 2

Das musst du wissen

In unserer Sprache werden über dreihunderttausend Wörter verwendet. Sie sind in zehn Wortarten unterteilt. Die meisten davon kennst du wahrscheinlich schon.

Mit dem **Nomen** (Substantiv/Hauptwort) bezeichnet man Lebewesen, Dinge und Ungegenständliches. Es kann in der Einzahl, in der Mehrzahl und in den verschiedenen Fällen stehen.
Meist hat das Nomen einen **Artikel** (Geschlechtswort) als Begleiter, an dem man sein Geschlecht erkennt.
Das **Personalpronomen** (persönliches Fürwort) kann anstelle eines Nomens stehen (der Apfel – er, die Katzen – sie, den Kindern – ihnen). Dieses Pronomen gibt dann denselben Fall usw. an wie sein Nomen.
Verben (Tätigkeitswörter/Zeitwörter) geben Tätigkeiten, Vorgänge und Zeiten an. Sie können auch die Person, das Geschlecht und die Zahl ausdrücken.
Das **Adjektiv** (Eigenschaftswort/Wiewort) hilft, Eigenschaften, Aussehen usw. zu beschreiben. Es drückt Zahl, Fall und Geschlecht aus und kann gesteigert werden.
Das **Possessivpronomen** (besitzanzeigendes Fürwort) zeigt an, dass jemand etwas besitzt *(Wenn du meinen Apfel haben möchtest, dann lass mich deine Katze streicheln).*
Präpositionen (Verhältniswörter) helfen, Satzglieder in den Satz einzufügen und sorgen für Klarheit der Beziehungen. *(Sie geht in den Garten. Er ist im Garten. – Sie wohnt über mir. Ich denke über sie nach.)*
Konjunktionen (Bindewörter) sind Bindeglieder, die einzelne Wörter, Wortgruppen oder ganze Sätze miteinander verknüpfen.
Das **Adverb** (Umstandswort) erläutert im Satz das Geschehen näher. *(Heute arbeitest du mit diesem Buch, damit es in der Schule aufwärts geht.)*
Mit diesen acht Wortarten kannst du gleich üben.
Die übrigen beiden heißen **Numeralien** (Zahlwörter) und **Interjektionen** (Ausrufewörter). Sie kommen später dran.

Zur Verständigung miteinander benutzen wir diese **Wörter und Zeichen, zumeist in Sätzen.** Dabei wird unsere Sprache nach bestimmten Regeln gebraucht. Werden die Regeln nicht eingehalten, kann es zu Missverständnissen kommen. Oder man versteht gar nichts mehr.
Zur schriftlichen Verständigung benutzt man meist vollständige Sätze, längere und kürzere. Auch darin werden natürlich die Regeln angewendet.

Die wichtigsten Teilglieder eines Satzes sind **Subjekt** (Satzgegenstand), **Prädikat** (Satzaussage) und **Objekt** (Satzergänzung). In erweiterten Sätzen kommen dann noch verschiedene **Beifügungen** und **Umstandsbestimmungen** dazu.

In diesem Kapitel findest du ausführliche Übungen zu den Wortarten, den Satzarten und den einzelnen Satzgliedern. Du lernst sie anzuwenden, leicht zu unterscheiden und sicher zu bestimmen.

1. *Setze an der richtigen Stelle und in der richtigen Form die folgenden Wörter aus dem Kasten ein. (Tipp: Halte die Reihenfolge ein!)*

Nomen *(Substantive/Hauptwörter):* ~~Geburtstag~~, Marcel, Jungen, Mädchen
Verben *(Tätigkeitswörter/Zeitwörter):* schaukeln, wollen, befestigen, juchzen, zuflüstern, liegen, rollen, kratzen
Adjektive *(Eigenschaftswörter/Wiewörter):* ~~nagelneu~~, heftig, geheimnisvoll, faul, lustig
Artikel *(Geschlechtswörter):* die, dem, der, den, des
Personalpronomen *(persönliche Fürwörter):* wir, sie
Präpositionen *(Verhältniswörter):* zwischen, im, neben
Konjunktionen *(Bindewörter):* denn, nachdem, weil, dass, und, ehe, obwohl
Adverbien *(Umstandswörter):* gleich, einmal, sofort, viel, plötzlich

Die Hängematte

Christina hatte zu ihrem Geburtstag eine nagelneue Hängematte bekommen. ____ haben sie ____ ausprobiert, ____ Marcel ____ unbedingt ____ darin ____. ____ ____ Hängematte ____ zwei Bäumen ____ Garten ____ war, legte sich ____ hinein.

____ stieg Benjamin hinterher, ____ noch ____ Platz darin war.

Christina schaukelte die beiden ____ so ____, ____ ____ laut ____.

Da ____ die Mädchen ____ Geburtstagskind etwas ____ ____ Christina lächelte ____.

____ sich die Faulpelze in ____ Hängematte darauf einstellen konnten, fassten alle ____ zu und kippten die beiden um.

Marcel ____ ____ in ____ Brennnesseln, während Benjamin ____ die ____ Äpfel ____ Nachbarbaumes ____.

Alle fanden das ____, ____ sich Benny noch lange die Waden ____.

Seitdem sinnt Benny auf Rache bei seinem eigenen Geburtstag.

TIPP

***Nomen, Verb** und **Adjektiv** sind die wichtigsten Wortarten. Sie können verschiedene Formen bilden (= sie können flektiert werden). Dabei ist das Verb am vielfältigsten.*
***Das Nomen** hat oft Begleiter. Es kann durch Personalpronomen ersetzt werden. Nomen benennen Lebewesen, Dinge und Ungegenständliches* (der Mensch – die Tafel – der Traum). *Nomen können im Singular und Plural (Einzahl und Mehrzahl) stehen. Sie können dekliniert (gebeugt) werden und stehen immer in einem der 4 Fälle: der Ball – des Balles – dem Ball – den Ball; die Blumen – der Blumen – den Blumen – die Blumen*

die neuen inliner

in den sommerferien bekam florian seine neuen inline-skater. am mittag wollte er sie gleich ausprobieren. in seiner ersten unsicherheit fuhr er sofort gegen das auto des nachbarn. der wagen behielt keine beule zurück, aber florian.
in diesem moment kam sebastian vorbei und wollte sich totlachen. er holte seine eigenen skates und wollte seinem freund nun die besten tricks zeigen. also fuhren die beiden los.
florian war ein geschickter fahrer. dann zeigte er, wie man über eine niedrige mauer springt.
für dieses kunststück bevorzugte er die kleine mauer um den garten der meyers.
diesmal aber gelang der absprung nicht. sebastian landete zwar im rosenbeet, aber weder meyers hund, ihr unberechenbarer sohn noch der neugierige papagei bekamen etwas davon mit.

1. *Unterstreiche alle Nomen. Trage sie dann mit dem Artikel unten ein.*

Nomen (Substantive/Hauptwörter) für		
Lebewesen	**Dinge**	**Ungegenständliches**
Fl	die	die S

TIPP

***Nomen** (Substantive/Hauptwörter) haben – bis auf die Eigennamen – ein **grammatisches und ein natürliches Geschlecht.** Oft stimmen sie nicht überein.*
Das grammatische Geschlecht wird durch den Artikel bestimmt: **der** Baum = *männlich,* **die** Blume = *weiblich,* **das** Katerchen = *sächlich.*
Dem natürlichen Geschlecht nach sind Baum *und* Blume *natürlich sächlich;* das Katerchen *ist männlich.*

1. *Unterscheide: Bestimme grammatisches und natürliches Geschlecht. Ergänze die Tabelle.*

Artikel	Nomen	gr.	nat.	Artikel	Nomen	gr.	nat.
die	Angel	w.	s.		Ringlein		
	Beutel				Euro		
	Söhnlein				Fräulein		
	Bremse				Düne		
	Weiblein						m./w.
	Zwilling		m./s.		Prüfling		/
			/				

2. *Setze die passenden Begleiter ein. (Es müssen nicht immer Artikel sein!)*

Übermut tut selten gut

Heute Morgen kam Alexander schon ziemlich übermütig in ______ Schule. Zuerst ärgerte er ______ dicken Max. Dann machte er ______ Ente nach. Darauf schubste er „aus Versehen“ Anna ______ Stuhl. Schließlich nervte Alexander ______ ganze Klasse. Als er schließlich an ______ Tafel stand und ______ Symbol seines Lieblingsvereins zeichnete, hielt es Anna nicht mehr ______ Platz. Sie nahm ______ Trinkflasche aus ______ Tasche und erzeugte damit auf Alexanders Stuhl ______ kleine Pfütze. Als ______ Klingel zur Stunde schellte und Frau Busch kam, musste er sich ganz schnell hinsetzen ...

TIPP

Wenn du ein Nomen deklinieren sollst, dann bilde am besten einen Satz damit.

Der Hund des Nachbarn macht **dem Jungen Angst.**

Hilf dir anschließend mit folgenden Fragen:

1.	*Fall (Nominativ):*	*WER oder WAS?*
2.	*Fall (Genitiv):*	*WESSEN?*
3.	*Fall (Dativ):*	*WEM?*
4.	*Fall (Akkusativ):*	*WEN oder WAS?*

Der Hund **des Nachbarn** macht **dem Jungen** **Angst.**

Der Hund	des Nachbarn	dem Jungen	Angst
Wer?	*Wessen?*	*Wem?*	*Was?*
1. Fall	*2. Fall*	*3. Fall*	*4. Fall*

1. *Dekliniere (beuge) im Plural (Mehrzahl) und ergänze.*

1. Fall	=	Nominativ	:	die Tigerhaie	(Plural, männlich)
2.	=	Genitiv	:	der	(Pl., m.)
3.	=	Dativ	:	den	( )
4.	=	Akkusativ	:	die	( )

1.	=		:	die Nachteulen	(Plural, weiblich)
2.	=		:	der	(Pl., w.)
3.	=		:	den	( )
4.	=		:	die	( )

1. Fall	=		:	die Mauswiesel	(Plural, sächlich)
2.	=		:	der Mauswiesel	(Pl., w.)
3.	=		:	den Mauswieseln	( )
4.	=		:	die Mauswiesel	( )

1. Fall	=		:		( )
2.	=		:	der Urvögel	( )
3.	=		:		( )
4.	=		:		( )

1. *Was man alles tun kann, was alles geschieht. – Suche Verben mit gegensätzlicher Bedeutung.*

lachen	–	weinen	schlafen	–	___
liegen	–	___	brüllen	–	___
öffnen	–	___	verkleinern	–	___
geben	–	___	fragen	–	___
bringen	–	___	schieben	–	___
lieben	–	___	___	–	___
reden	–	___	___	–	___
frieren	–	___	___	–	___
vergrößern	–	___	___	–	___

ACHTUNG

Verben können aus zwei Teilen bestehen. Das nennt man dann Verbklammer!

2. *Setze Verben (Tätigkeitswörter/Zeitwörter ein).*

Sturmfreie Bude

Andrés Eltern waren für einen Tag verreist. Deshalb sagte er in der letzten Stunde zu mir und Andreas: „Ko___ doch nachmittags zu mir. Ich h___ heute sturmfreie Bude!" Wir verabr___ uns für vier Uhr.

Bei André spie___ wir zuerst am Computer. Dann langw___ wir uns, und Andreas ha___ eine seiner grandiosen Ideen. André wu___ nicht eingew___. Wir schi___ ihn in den Keller. Er so___ eine Cola ho___.

In der Zwischenzeit schli___ wir ins Badezimmer. Andreas dre___ den Schlüssel um. Dann na___ er die halb leere Flasche mit Badecreme und ö___ sie. Von allen Fläschchen und Tuben, die wir fan___, füll___ wir jetzt etwas hinein. Da klo___ André an die Tür. Seine Eltern wa___ gerade vor die Garage gefa___.

Schnell verschr___ wir unsere „Wunderflasche" und ste___ sie unter den Pullover.

Ich ho___ nur, dass Andreas sie nicht wieder im Springbrunnen auf dem Marktplatz ausl___. Er h___ so etwas nämlich schon angedeu___.

TIPP

Verben *(Tätigkeitswörter/Zeitwörter) sagen aus, dass etwas geschieht.*
Sie kommen in verschiedenen Formen vor. Im Wörterbuch findet man sie in der Grundform (Infinitiv): arbeiten, spielen, versetzen *usw.*
Gebeugte Formen dazu sind z. B.: ich arbeite, du hast gespielt, ihr seid versetzt worden.

1. *Ergänze die fehlenden Personalformen dieser Verben.*

ich	laufe
du	
er/sie/es	
wir	laufen
ihr	
sie	

Singular

Plural

ich	
du	
er/sie/es	hält
wir	
ihr	
sie	

ich	bin
du	
er/sie/es	
wir	
ihr	
sie	

ich	
du	
er/sie/es	
wir	
ihr	habt
sie	

ich	
du	
er/sie/es	wird
wir	
ihr	
sie	

ich gehe weg	du gehst	wir
ich bin gegangen	er	ihr

2. *Trage diese Verbformen an der richtigen Stelle ein.*

sie lebten, wir haben gefunden, es gibt, wir werden verlassen haben, sie hatten bevölkert, sie werden überstehen, sie sind, man erkennt, sie werden entstehen

Vergangenes (früher)	Gegenwärtiges (jetzt)	Zukünftiges (später)
sie lebten	es	sie
wir	es	sie
sie	man	wir

1. *Setze die in Klammern gesetzten Verben (Tätigkeitswörter/Zeitwörter) in der richtigen Zeitform (Tempusform) ein.*

Tyrannosaurus Rex

Der Tyrannosaurus, den man auch „Tyrannen-Echse" nennt (nennen), w_____ (sein) der größte lebende Dinosaurier. Er _____ (wiegen) etwa sechs Tonnen, _____ (messen) über fünf Meter in der Höhe und _____ (sollen) etwa elf Meter lang g_____ _____ (sein).

Den Schwanz _____ (haben) dieser Dino wahrscheinlich als gefährliche Peitsche _____ (brauchen). Der große Kopf _____ (tragen) in den Kiefern bis zu fünfzehn Zentimeter lange Zähne. Für seine Gegner _____ (müssen) Tyrannosaurus Rex ein furchtbarer Feind ge_____ _____ (sein). Vor ihm _____ (haben) es keinen größeren Räuber _____ (geben).

Das Tier _____ (besitzen) sehr lange Hinterbeine, aber nur kleine Vorderbeine, die in zweifingrigen Klauen _____ (enden). Mit den Hinterbeinen _____ (können) er riesige Sprünge _____ (machen). Tyrannosaurus _____ (werden) wohl das Schicksal manchen Artgenossens ge_____ _____ (sein).

2. *Ergänze die Verbformen.*

Verb (Infinitiv/ Grundform)	Zeitform	Personal-pronomen	Verb (gebeugte Form)
nennen	Präsens	er	nennt
sein	Präteritum	du	w
greifen	Perfekt	wir	
fliehen	Plusquamperfekt	ich	
haben	Futur I	er	
haben	Futur II	sie	
schreiben	Präteritum	es	
kommen	Perfekt	ihr	
halten	Plusquamperfekt	du	
siegen	Futur I	sie	
werden	Präsens	wir	
gehen	Präteritum	ich	
hoffen	Perfekt	du	

TIPP

*Mit **Verben** (Tätigkeitswörtern/Zeitwörtern) können sechs verschiedene **Zeitformen** (Tempusformen) gebildet werden. Sie heißen: **Präsens** (Gegenwart), **Präteritum** (Vergangenheit), **Perfekt** (vollendete Gegenwart), **Plusquamperfekt** (vollendete Vergangenheit), **Futur I** (Zukunft) **und Futur II** (vollendete Zukunft).*
*Man unterscheidet dabei drei **Zeitstufen:** Vergangenes, Gegenwärtiges und Zukünftiges.*

Vor 200 Millionen Jahren

In der Zeit des Jura, vor etwa 200 Millionen Jahren, lebte der Urvogel. Die Wissenschaftler haben ihn Archaeopteryx genannt. Dieser Vorfahre unserer Vögel hatte als erster Dinosaurier den Boden verlassen. Aber er hat die Merkmale der Kriechtiere behalten.
Es gibt eine Versteinerung des Urvogels. Sie stammt aus der Gegend von Sonthofen in Süddeutschland und zeigt deutlich die Merkmale eines Dinos wie auch die eines Vogels. Man geht auch von einem Federkleid aus.
Vögel wird es wohl noch lange geben. Aber auch sie werden noch Veränderungen durchmachen. Einige Arten werden sich wahrscheinlich sogar wieder zu reinen Erdbewohnern zurückgebildet haben. Vielleicht wirst du das noch erleben.

1. *Lies den Text durch und achte auf die unterstrichenen Verben.*

2. *Trage die Verben und die zugehörigen Tempusformen (Zeitformen) ein.*

Zeitstufe: Vergangenes (früher)	**Zeitstufe: Gegenwärtiges** (jetzt, heute)	**Zeitstufe: Zukünftiges** (später)
er l (Präteritum)	es g (P)	es w g (F)
sie h g ( )	sie st (Pr)	sie w d (F)
er h v (Pl)	sie z (P)	sie w z h (Futur II)
b (P)	man g von (P)	w e (F)

1. *Ergänze die Tabelle.*

Verbform	Zeitform	Zahl	Person	Geschlecht
er lebte (leben)	Präteritum	Singular (Einzahl)	3. Person	männlich
es gibt ( )	Pr			sächlich
es wird geben ( )				
sie haben genannt ( )		Plural (Mehrzahl)		– – –
er hatte verlassen ( )			3. Person	
sie werden zurückgebildet haben ( )	Futur II			– – –

2. *Bilde zu den vorgegebenen Verben die gefragten Formen.*

1. Person Singular	–	Präsens von *rufen*	ich rufe
2. Person Singular	–	Präteritum von *holen*	du
3. Person Singular	–	Perfekt von *kommen*	sie
1. Person Plural	–	Plusquamperfekt von *denken*	wir
2. Person Plural	–	Futur I von *wachsen*	ihr
3. Person Plural	–	Futur II von *gehen*	sie
2. Person Plural	–	Präteritum von *sein*	ihr
2. Person Singular	–	Futur I von *haben*	du
2. Person Singular	–	Präsens von *halten*	du

3. *In Aufgabe 2 kannst du deutlich erkennen, dass sich die Verben bei der Bildung bestimmter Zeitformen ein weiteres Verb „zu Hilfe“ nehmen.*

Diese **Hilfsverben** sind:

ist	Infinitiv/Grundform von:	
	Infinitiv/Grundform von:	
	Infinitiv/Grundform von:	

ÜBUNGSTIPP

Setze dir für jeden Tag vernünftige Übungsziele. Beziehe sie auf deine Hausaufgaben oder besondere Arbeiten. Zum Beispiel können das sein:

- *Montag:* *Hausaufgaben in besonders sauberer Handschrift anfertigen.*
- *Dienstag:* *Bei den Deutsch-Aufgaben ein Wörterbuch benutzen.*
- *Mittwoch:* *Die lateinischen Begriffe der Grammatik wiederholen.*
- *Donnerstag:* *Mindestens 6 Wortarten und Beispiele dazu aufschreiben.*
- *Freitag:* *Ein paar „Eselsbrücken" lernen wie:*
  Nach l, n, r – das merke ja – steht nie tz und nie ck.
  Wer nämlich mit h schreibt, ist ...
  Da, wo man redet, sagt und spricht, vergiss die kleinen Zeichen nicht!
  usw.

1. *Füge die folgenden Adjektive (Eigenschaftswörter/Wiewörter) an der richtigen Stelle in der richtigen Form ein.*

neu, beliebt, groß, klein, schmal, gleichwertig, hoch, fest, groß, gewandt, lange, flink, blitzartig, tollpatschig, perfekt, lang, krachend, schnell, postwendend, donnernd, vergnügt, nass, gut

Unser neues Spiel

Seit zwei Wochen gibt es in unserer Klasse ein neues Spiel. Es ist so _______, dass tatsächlich immer alle mitmachen wollen.

In den _______ Pausen oder am Ende der _______ Pause teilen wir uns in zwei _______ Mannschaften auf. Dann wird in das _______ Klassenhandtuch ein _______ Knoten gemacht. Dieser „Klassenhandtuch-Ball" wird dann _______ unter die Decke geschleudert, und damit geht es los.

Die ge_______ und gr_______ Mitglieder beider Parteien versuchen nun, den „Ball" zu erwischen. Es geht darum, ihn möglichst _______ in den eigenen Reihen zu halten.

Diesmal war Anne _______ als Markus. _______ warf sie mir das Handtuch zu; ich fing p_______. Der _______ Markus fasste ins Leere, Benny stolperte t_______ über seinen Stuhl und fiel zusammen mit Max kr_______ auf den Hintern.

Jetzt war ich am schn_______ gewesen. Das Handtuch flog p_______ zu Oliver. Aber der fing nicht. D_______ entstand an der Klassentür ein n_______ Fleck und wir glaubten, sie öffne sich deshalb von selbst. Da sahen wir Frau Busch!

Nur René hatte nichts bemerkt und hechtete v_______ über seinen Tisch. Jetzt kennt er die Schulordnung _______ als alle anderen.

Der richtige Fahrradhelm

Den besten Schutz auf dem Fahrrad bietet nur ein guter Helm. Er schützt Stirn, Schläfen und Hinterkopf. Dabei lässt er dem Fahrer die notwendige Sicht und schränkt auch das Gehör nicht ein. Damit der Helm an die unterschiedlichen Kopfgrößen angepasst werden kann, gibt es die abnehmbaren Polster. Sie werden mit einem unverrutschbaren Klettverschluss befestigt. Auf diese Weise erhält man den optimalen Kopfschutz, der sogar „mitwachsen“ kann.

1. *Unterstreiche alle zusammengehörenden Wortgruppen aus Begleiter, Adjektiv und Nomen. (Tipp: Es sind mit der Überschrift acht.)*

TIPP

***Das zu einem Nomen** (Substantiv/Hauptwort) **gehörende Adjektiv** wird genau wie dieses gebeugt. Es steht also immer im selben Fall und in derselben Zahl wie sein Nomen. Das gebeugte Adjektiv bestimmt dabei sein Nomen näher:*
die kleine Anna, die große Anna, die liebe Anna, die blonde Anna ...

2. *Beuge Adjektiv und Nomen.*

der gute Helm	←	Sing., 1. Fall, Plur.	→	die guten Helme
des	←	Sing., 1. Fall, Plur.	→	der
dem	←	Sing., 1. Fall, Plur.	→	den
den	←	Sing., 1. Fall, Plur.	→	die
die freie Straße	←	Sing., 1. Fall, Plur.	→	die freien
der	←	Sing., 1. Fall, Plur.	→	der
der	←	Sing., 1. Fall, Plur.	→	den
die	←	Sing., 1. Fall, Plur.	→	die
das weiche Polster	←	Sing., 1. Fall, Plur.	→	die
des	←	Sing., 1. Fall, Plur.	→	der
dem	←	Sing., 1. Fall, Plur.	→	den
das	←	Sing., 1. Fall, Plur.	→	die

ACHTUNG

Hier fehlen die Deklinationsendungen (Beugungsendungen)!

1. *Ergänze die fehlenden Endungen.*

An der Bushaltestelle

An der kleinen Bushaltestelle unserer Schule steht ein gläsern___ Wartehäuschen. Aber das benutzen wir nur während stark___ Regen___ oder bei besonders heftig___ Wind.
Wenn der rot___ Bus kommt, mit dem ich fahren muss, läuft alles los: die groß___ Schülerinnen und Schüler genauso wie die klein___. Jeder will den best___ Platz ergattern. Eigentlich sollen wir uns in ein___ geordnet___ Schlange aufstellen. Aber keiner hält sich daran.
Wir haben ein___ nett___, aber auch sehr streng___ Busfahrerin. Wer kein___ wie vorgeschrieben gestempelt___ Fahrausweis oder kein identifizierbar___ Foto darin hat, muss wieder aussteigen. Und ganz ohne Fahrkarte hat man nicht die gering___ Chance. Es sei denn, man zahlt den voll___ Preis in bar.

2. *Hier fehlen wieder die Beugungsendungen. Setze sie ein.*

In der Schülerbücherei

In der groß___ Pause gehen meine älter___ Freundin und ich oft in die Bücherei. Denn meist ist auf unser___ langweilig___ Schulhof nichts los.
Oder wir müssen in Bio mal wieder eine von Frau Buschs schwierig___, knifflig___ Hausaufgabe___ erledigen. Dann müssen wir nämlich in speziell___ Bücher___ oder in dem ganz groß___ Lexikon nachschlagen. Manchmal hilft mir mein Bruder zu Hause und wir suchen nach bestimmt___ Stichwört___ im Internet.
Wenn Regenwetter ist oder draußen eisig___ Kälte herrscht, ist es in der warm___ Bücherei sowieso am besten. Aber gerade dann sind die unangenehm___ Kontrolle___ an der Tür noch genauer. Denn dort stehen zwei von den größer___ Schüler___ und lassen sich die Büchereiausweise zeigen.
Übrigens kann man bei uns auch toll___ CDs, DVDs, die neuest___ Spiele und verschieden___ freigegeben___ Computerprogramme ausleihen.
In der Bücherei gibt es auch Rechner. Einige der neuer___ darunter haben jetzt ein___ schnell___ Internetzugang erhalten. Und wenn wir den aufsichtsführend___ Schüler___ versichern, dass wir uns gut mit Computer___ auskennen, dürfen wir in der groß___ Paus___ und in unverhofft___ Freistund___ surfen.

TIPP

Die meisten ***Adjektive*** *(Eigenschaftswörter/Wiewörter)* ***kann man steigern.***
Sie helfen dann vergleichen: groß – größer – am größten, klein – kleiner – am kleinsten, gut – besser am besten, viel – mehr – am meisten *usw.*

1. *Übe die Steigerung mit den folgenden Adjektiven (Eigenschaftswörtern/Wiewörtern).*

kalt, viel, edel, flach, gern, nahe, lustig, gut, hoch, beliebt

Grundstufe (der **Positiv**)	**Steigerungsstufe** (der **Komparativ**)	**Höchststufe** (der **Superlativ**)
kalt	kälter	am kältesten
	mehr	
		am liebsten
	besser	

2. *Nicht bei allen Adjektiven ist die Steigerung möglich oder sinnvoll. Schreibe diejenigen heraus, die steigerbar sind. Streiche die anderen durch.*

alt, ~~schriftlich~~, schwer, uralt, nackt, blind, heiß, tot, lang, viereckig, rosa, leer, mündlich, mild, steinreich, schwarz, stumm, tief, ruhig

alt	älter	am
		am
		am
		am
		am
		am
		am

Der Apfel

Als es zur kleinen Pause klingelte, hat mir Michaela ihren schönsten Apfel geschenkt. Ich war nämlich hungrig und hatte nichts Essbares in die Schule mitgenommen. Diese Pause kam mir kürzer vor als sonst. Als es wieder klingelte, hatte ich erst etwas mehr als die Hälfte gegessen und wollte den Rest in den nächsten Mülleimer werfen.
Michaela sagte entrüstet: „Wenn du das tust, bekommst du nicht mal mehr die kleinste Kleinigkeit von mir. Auch wenn du am hungrigsten von allen bist!"
Also habe ich noch schnell ein Stück abgebissen, bevor Herr Klein hereinkam. Das zweite Stück habe ich etwas langsamer gekaut als sonst, weil der Unterricht begann. Den Rest hatte ich in die kleinere meiner beiden Hosentaschen gestopft. Die wurden dadurch allerdings nass und nasser. Als es am unangenehmsten war, stand ich auf und fragte, ob ich mal hinausgehen dürfte.
In diesem Moment fiel mir ein kleineres Apfelstückchen aus dem Mund. Und deshalb musste ich dies hier aufschreiben.

1. *Unterstreiche alle Adjektive im Positiv (Grundstufe) blau, im Komparativ (Steigerungsstufe) grün und im Superlativ (Höchststufe) rot. (Tipp: Es sind jeweils fünf.)*

2. *Streiche in dem Kasten alle Adjektive durch, die normalerweise nicht gesteigert werden.*

haushoch, glatt, blind, spiegelglatt, zahnlos, steinreich, arm, strohdumm, kinderlos, uralt, weit, sechseckig, schwer, spindeldürr, dick, klug, dumm, federleicht, nagelneu, nackt, ledig, bildhübsch, viel, wörtlich, nah, wunderschön, gut, lebendig

3. *Setze ein. Hilf dir mit Adjektiven aus dem Kasten.*

haushoch ist höher als hoch; glatter als ______ ist spiegelglatt; steinreich ist ______ als reich; ______ als dumm ist schon ______; uralt ist ______ als ______; zentnerschwer ist ______ als schwer; ______ als dürr ist ______; f______ ist ______ als leicht, neuer als ______ ist ______, bildhübsch ist ______ als ______

1. *Setze die fehlenden Personalpronomen (persönliche Fürwörter) ein.*

Tanjas Schwarm

Wenn es klingelt, sollen wir eigentlich alle auf dem Platz sitzen. Für Tanja, meine beste Freundin, und ___ war das heute allerdings nicht möglich. Denn ___ meinte, dass auf dem Flur gleich ihr Schwarm vorbeigehen würde und ___ ein Zettelchen geben wollte. Also haben ___ uns gesagt, das sei eine Ausnahme. Tanja ging an die Tür, öffnete ___ einen Spalt und lugte hinaus. ___ war ganz dicht hinter ___. Dann kam ___! ___ ging lieber ein Stückchen beiseite. – ___ geht es ja nichts an, aber ___ würde ___ wohl nicht gefallen. – Dann kam Tanja mit dem Zettelchen. ___ war ganz rot und lächelte ___ zu.

Tanja setzte sich still hin. ___ ging schnell noch einmal zur Tür, um ___ zu schließen, damit der Klassenlärm nicht nach draußen drang. Aber ___ blieb bloß noch die Zeit, Frau Schneck ganz höflich die Tür zu öffnen.

TIPP

Personalpronomen *(persönliche Fürwörter) können Namen und Nomen (Substantive/Hauptwörter) ersetzen. Die Personalpronomen im ersten Fall heißen:* ich, du, er/sie/es; wir, ihr, sie.
Sie stehen immer im selben Fall, Geschlecht und in derselben Zahl wie das Wort, das sie ersetzen. In der Anrede benutzt man die Höflichkeitsform. Dabei werden die Anredepronomen Sie, Ihnen, Ihr, Ihre *usw. großgeschrieben. (Siehe auch TIPP auf Seite 16!)*

2. *Ergänze die Tabelle mit den fehlenden Personalpronomen (persönlichen Fürwörtern).*

Singular (Einzahl)	**Nominativ** (1. Fall)	**Genitiv** (2. Fall)	**Dativ** (3. Fall)	**Akkusativ** (4. Fall)
1. Person	ich	meiner	mir	mich
2. Person		deiner		
3. Pers., männl.	er	seiner		ihn
3. Pers., weibl.		ihrer		
3. Pers., sächl.	es	seiner		
Plural (Einzahl)	**Nominativ** (1. Fall)	**Genitiv** (2. Fall)	**Dativ** (3. Fall)	**Akkusativ** (4. Fall)
1. Person	wir	unser	uns	uns
2. Person		euer		
3. Person		ihrer		

Stillarbeit

Wenn unser Klassenlehrer mal krank ist und niemand ihn vertreten kann, gibt es Stillarbeit. Dazu kommt meist die Rektorin in die Klasse. Die Rektorin sagt der Klasse dann, was die Klasse in dieser Stunde tun soll.

Kaum ist die Rektorin aber wieder weg, geht es los! – Zurzeit spielt die ganze Klasse dann mit drei Tennisbällen gleichzeitig. Die Klasse wirft die Tennisbälle wahllos an die Wand. Wer einen Tennisball fängt, darf dem Tennisball seine Initialen aufmalen.

1. *Schreibe den Text neu auf. Vermeide dabei Wiederholungen, indem du Personalpronomen einsetzt.*

Stillarbeit

TIPP

Das ***Possessivpronomen*** *(besitzanzeigende Fürwort) zeigt an, dass jemand etwas besitzt oder dass es zu ihm gehört.*
Possessivpronomen (im ersten Fall) sind: mein; dein; sein, ihr, sein; unser, euer und ihr.
Sie werden zusammen mit dem Nomen, zu dem sie gehören, gebeugt (dekliniert):
mein Hund, **deine** Hausaufgaben, **ihren** Freundinnen *usw.*

Hausaufgaben

Stefanie sagte in der Pause zu Andy: „Wenn ich dir meine Mathe-Aufgaben gebe, bekomme ich deinen Englisch-Text, o.k.?"
„In Ordnung. Aber Oliver hat heute seine Hausaufgaben ebenfalls nicht vollständig und Angela ihre auch nicht."
„Gut, dann sollen sie nachher unsere Hefte bekommen. Sonst sagt Frau Schneck wieder zu Oliver, diesmal müsse sie aber wirklich seine Eltern benachrichtigen, weil er sein Pensum vergessen habe."
„Sieh an", tönte es da von der Klassentür her, „macht ihr mal wieder eure Hausaufgaben in der Schule? Gebt mir sofort eure Hefte und meldet euch nachher bei mir!"
Jaja, eine Frau Schneck gibt es überall.

1. *Unterstreiche alle 9 Fürwörter, die anzeigen, zu wem etwas gehört.*

TIPP

Die Höflichkeitsformen **Ihr, Ihre, Ihren** *und* **Ihrer** *werden großgeschrieben:*
Kann ich **Ihnen** oder **Ihrer** Frau behilflich sein? – Sehr geehrte Frau Meier, über **Ihre** Urlaubskarte an meine Eltern und mich haben wir uns sehr gefreut.

2. *Zu wem gehört im Text von Nr. 1 eigentlich was? Setze ein.*

- Es sind St________ Mathe-Aufgaben.
- Andy gehört der ________.
- Ihre Aufgaben haben noch nicht vollständig: ________ und ________.
- ________ hat also auch mal wieder sein „Pensum" vergessen.
- Das Mathe-Heft und das Englisch-Heft gehören ________ bzw. ________. Und das hier war übrigens ________ Kaugummi.

1. *Setze die passenden Präpositionen (Verhältniswörter) ein und ergänze.*

~~bei~~ – in – ~~da~~ – unter – auf – durch – über – in – mit – darauf – gegen – auf – neben – während – hinter – entgegen – zuwider – in – vor – während - in

Chaos gibt es bei uns nicht

Bei uns ___ der Klasse gibt es kein Durcheinander. Da sitzt keiner ___ oder ___ d___ Tisch. Es fliegen auch keine Papierkügelchen ___ d___ Luft, und unsere Jungen wälzen sich auch nicht kämpfend ___ d___ Boden.

So etwas wie ___ d___ Luft schwebend___ Papierflugzeuge ___ kurz___ Liebesgrüßen da___ kennen unsere Mädchen nicht.

Unvorstellbar, dass Tennisbälle ___ d___ Fensterscheibe, a___ d___ Lehrertisch oder n___ die Tafel knallen.

W___ der klein___ Pausen bleibt immer alles sauber, und wir sind still. Keiner dreht ___ d___ Schrank das Radio voll auf. Und ent___ anderen Behauptungen haben wir noch nie etwas von Kreideschlachten gehört. Bei uns handelt nämlich keiner der Schulordnung z___.

Wenn ___ unserer___ Klasse wirklich mal etwas Schlimmes passiert, so wie v___ drei Tag___, dann war es Alexander. Der heckt nämlich w___ der Stunden stets etwas aus. Und ___ den Pause___ machen alle mit. Aber Alexander trägt daran natürlich die alleinige Schuld!

TIPP

Präpositionen (Verhältniswörter) helfen, im Satz Ordnung zu schaffen. Sie drücken Unterschiede in Zeit, Ort sowie Art und Weise aus.
Auf Präpositionen folgt oft ein Nomen (Substantiv/Hauptwort). Das steht dann meist im Dativ (3. Fall) oder im Akkusativ (4. Fall).

2. *Unterstreiche in der folgenden Wortsammlung alle 13 Präpositionen*

in – laufen – schön – unter – Welt – der – über – Hund – schlafen – Oliver – zwischen – essen – haarig – Teppich – klein – lieb – Monitor – Video – bei – nach – regnen – blau – Ampel – entgegen – wegen – biegen – abschreiben – tief – dem – sein – Grund – seit – Zucker – gegenüber – Bleistift – Schweinchen – außer – aus – weihnachtlich – schnell – Stundenplan – ohne

1. *Stelle in den folgenden Sätzen die notwendige Verbindung her. Benutze dazu die Konjunktionen (Bindewörter) aus der Sammlung.*

und – ehe – oder – entweder … oder – sowohl … als auch – obwohl – bis – damit

Gestern im Sportunterricht mussten wir erst laufen ______ springen, ______ wir endlich Handball ______ Fußball spielen durften.
Anna wollte nur eins spielen: ______ Handball ______ Fußball. Ich dagegen habe ______ das eine ______ ______ das andere gespielt.
______ sie wenig Lust hat, trainiert sie ______ zur Erschöpfung, ______ sie das Match am Sonntag nicht verliert.

TIPP

Konjunktionen (Bindewörter) verknüpfen Wörter, Wortgruppen oder Sätze miteinander. Dabei können sie z. B. die Zeit andeuten, auf Gründe hinweisen, den Zweck ankündigen usw. – Konjunktionen gehören zu den vier unveränderlichen Wortarten.

2. *Unterstreiche die Konjunktionen (Bindewörter).*

Leckere Bärentatzen

Für diese Leckerei benötigst du Sahnequark und etwas Kakao sowie einige Löffel Zucker. Weiterhin brauchst du zarte Haferflocken und eine Prise Vanillezucker. Ganz wichtig ist gemahlene Gelatine, damit später alles fest wird.
Löse die Gelatine mit warmem Wasser auf, bevor du die anderen Zutaten zubereitest, sodass sie sich schon leicht eindickt. Nachdem das geschehen ist, gibst du alles Übrige dazu und verrührst es so, dass eine feste Creme entsteht.
Fülle dann die Creme in Muschelformen oder ähnliche kleine Gefäße. Sobald alles erkaltet ist, kippst du die „Bärentatzen" auf ein Tablett. Bevor sie zum Essen gereicht werden, verziere sie noch mit Mandelsplittern oder ähnlichen „Krallen". – Guten Appetit!

Mal so – mal anders

Ich gehe gern in diese Schule. Mit meinen Zensuren geht es aufwärts. Glücklicherweise übe ich stets. Alle sind sehr zufrieden mit mir, besonders ich.

1. *Schreibe diesen kurzen Text noch einmal auf. Verkehre dabei den Inhalt ins Gegenteil, indem du die unterstrichenen Adverbien (Umstandswörter) austauschst. (Tipp: Die Adverbien im Kasten können dir helfen.)*

ungern, abwärts, dummerweise, bedauerlicherweise, nie/kaum, überhaupt nicht

Mal so – mal anders
Ich gehe

TIPP

Adverbien (Umstandswörter) geben im Satz eine Antwort auf die Fragen WO?, WANN?, WIE?, WARUM? usw. Sie erläutern die Umstände eines Geschehens genauer. Adverbien gehören zu den vier unveränderlichen Wortarten.

Jasmin

Jasmin ärgert mich besonders. Meist macht sie im Unterricht andere Dinge, als sie soll. Wenn sie drankommt, weiß sie oft keine Antwort. Darum sagen ihr die Nachbarn vor. Und deshalb fällt das den Lehrern kaum auf.
Draußen streitet sich Jasmin gern. Drinnen muss sie immer brav sein, sonst hilft ihr keiner. Ich glaube, mit Jasmin geht es bergab.

2. *Unterstreiche die Adverbien (Umstandswörter). Ordne sie dann ein.*

WIE? (Art und Weise): besonders, k, g
WANN? WIE LANGE? (Zeit, Zeitdauer): m, o, i
WARUM? WESHALB? (Grund): d, d, s
WO? WOHIN? (Ort, Richtung): dr, dr, b

TIPP

Viele Adverbien (Umstandswörter), die von anderen Wörtern abgeleitet sind, enden auf -s *oder* -weise:
morgen**s**, mittag**s**, abend**s**, nacht**s**; stet**s**, damal**s**, rückwärt**s**; glücklicher**weise**, reihen**weise**, dummer**weise** *usw.*

Telefonieren

Neulich sind Alexander und Marcel auseinander gesetzt worden. (1) Sie haben immer gequatscht, nie aufgepasst und sehr oft ihre Hausaufgaben vergessen. (4) Jetzt sitzen sie an verschiedenen Tischen, und zwar der eine an der linken Wand, der andere an der rechten. (4) Deshalb „telefonieren" sie neuerdings miteinander. (3)
Alexander zieht Grimassen. Davon bekommt Marcel einen Lachkrampf, und sein Kopf läuft rot an. (1) Dummerweise muss Stefanie dann auch lachen. (2) Das macht Herrn Kringel aufmerksam. Darauf verdreht Alexander die Augen und schielt. (1) Dann folgt normalerweise sein berühmtes Fischgesicht. (2) Er schiebt die Ohren nach vorn, schielt kreuzweise und schnappt mit dem Mund nach Luft wie ein japsender Karpfen. (2)
Wer jetzt nicht lacht, hat Glück gehabt, denn er bekommt keine Übungsarbeit aufgebrummt. (2)

1. *Unterstreiche alle Adverbien (Umstandswörter). (Tipp: Die Zahl gibt dir jeweils an, wie viele es in dem Satz sind.)*

2. *Schreibe je einen Satz mit diesen Adverbien in dein Übungsheft.*

draußen, bald, anders, deshalb, heute, schon, dorthin, hier

Ein spannendes Buch

Sinan ist Ausländer und kommt in die 5. Klasse einer deutschen Schule

Weil er ein toller Fußballspieler ist, wird er sofort in die Klassengemeinschaft aufgenommen

Aber wie kommt es, dass Sinan plötzlich die ganze Klasse verprügelt

Sie haben sich über ihn lustig gemacht, denn er hat noch große Probleme mit der deutschen Sprache Das ist die einfache Erklärung

„Lasst uns eine Bande gründen “, fordert Andy die anderen auf

„Soll Sinan dazugehören “, fragt einer

„Auf jeden Fall “, rufen alle

Als Erkennungszeichen sollen alle Hosenträger tragen

Dann gibt es Probleme   Sinans Schwester will auch in die Bande eintreten

„Soll die auch Hosenträger tragen “, fragen die anderen

Darf Sinans Schwester überhaupt Jungenabenteuer und Jungenstreiche mitmachen Man findet schließlich eine gute Lösung

Und am Ende begreifen alle, dass Freundschaft das Wichtigste ist

1. *Lies den Text in Ruhe durch und setze dabei alle fehlenden Satzschlusszeichen.*

TIPP

***Die Haupt-Satzarten sind Aussagesatz, Fragesatz und Aufforderungssatz** (auch: Befehlssatz).*
Der Aussagesatz kommt am häufigsten vor. Mit ihm wird etwas erzählt, ausgesagt, mitgeteilt. Am Ende steht ein Punkt.
Auf den Fragesatz erwartet man eine ausführliche Antwort oder auch nur eine knappe Entscheidung. Nach dem Fragesatz steht ein Fragezeichen.
Der Aufforderungssatz (Befehlssatz) äußert eine Bitte, einen Wunsch, einen Befehl usw. Er endet mit einem Ausrufezeichen.

Kopfschutz für Skateboarder

Einen wirklich guten Schutz für Skateboard-Fahrer bietet nur ein spezieller Sturzhelm. Er soll besonders gut sitzen und den Kopf rundherum sichern. Natürlich muss er dabei den Augen freie Sicht lassen, damit man alle anderen Verkehrsteilnehmer sieht. Und die Ohren müssen genügend frei bleiben.

Der Helm sollte gut an den Kopf angepasst werden können. Deshalb ist schon das Anprobieren im Geschäft besonders wichtig. Dazu haben gute Modelle besondere, nämlich abnehmbare Polster. Damit kann der Helm optimal eingestellt werden und mit dem Träger „mitwachsen".

Wenn du keinen Skater-Helm hast, versuch es erst mal mit einem Fahrradhelm.

1. *Lies den Text durch. Beantworte dann folgende Fragen und trage die Antworten ein. (Tipp: Hilf dir mit der Grafik unten!)*

WER oder WAS bietet guten Schutz?	ein	St
WER oder WAS muss genügend frei bleiben?	die	
WER oder WAS ist schon besonders wichtig?	das	
WER oder WAS sollte „mitwachsen"?	der	

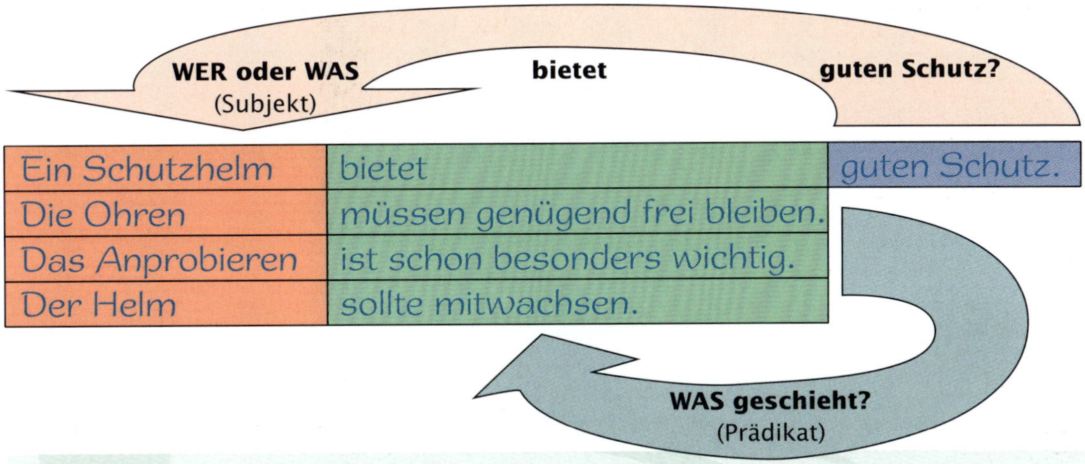

TIPP

***Ein Satz besteht aus einzelnen Satzgliedern** (Satzteilen). In einfachen Sätzen sind das **Subjekt** (Satzgegenstand), **Prädikat** (Satzaussage) und meist auch ein **Objekt** (Satzergänzung).*
*Das **Subjekt** ist leicht zu bestimmen. Man erfragt es mit WER? oder WAS? Das Subjekt steht immer im Nominativ (1. Fall). Hauptsätze und Gliedsätze (Nebensätze) haben je ein eigenes Subjekt.*
*Das **Prädikat** erfragt man mit WAS GESCHIEHT?*

Einen Teich erkunden

In kleinen Teichen oder Tümpeln kann man leicht interessante Lebensgemeinschaften entdecken. Am Rand findet man Uferpflanzen und im Wasser Wasserpflanzen. Überall dazwischen kannst du Tiere beobachten.
Wenn du dich dem Wasserrand näherst, sei vorsichtig! Gib dem Schatten keine Chance. Denn wenn er die Wasseroberfläche verdunkelt, bekommen viele Tiere und Tierchen Angst. Sie wollen dann einem vermeintlichen Feind entfliehen und huschen davon.
Christians Großvater hat seinem Enkel etwas Tolles gebastelt. Aus einer Blechdose ohne Deckel und Boden wurde eine Unterwasserlupe. Beide Öffnungen hat er besonders präpariert. Zwei Klarsichtfolien bilden die „Linsen".
Diesem Gerät verdankt Christian, dass er aufregende Unterwasserbeobachtungen machen kann. Dazu nähert er sich dem Wasser, taucht die Lupe ein und sieht von der anderen Seite hindurch.

1. *Beantworte die folgenden Fragen zum Text.*

WEN oder WAS entdeckt man in Teichen und Tümpeln?
➠ L ______ — Akkusativ-Objekt

WEN oder WAS findet man am Rand, im Wasser und dazwischen?
U ______, W ______ und ______ — Akkusativ-Objekte

WEM solltest du dich sehr vorsichtig nähern?
➠ dem ______ — Dativ-Objekt

WEM hat Christians Großvater etwas Tolles gebastelt?
➠ seinem ______ — Dativ-Objekt

WEN oder WAS hat der Großvater gebastelt?
etwas T ______, nämlich eine ______ — Akkusativ-Objekte

WEM verdankt Christian aufregende Beobachtungen?
diesem ______, nämlich der U ______ — Dativ-Objekt

ACHTUNG

Hier kommen Akkusativ-Objekte und Dativ-Objekte vor!

Ein provisorisches Aquarium

Wenn du mal für kurze Zeit einige Wassertiere und Wasserpflanzen beobachten willst, kannst du dazu ein einfaches Aquarium einrichten. Notfalls lässt du dir ein großes Einweckglas dafür schenken.

Fülle etwas sauberen Sand ein. Dem Sand kannst du auch einige Steine beifügen.

Vergiss nicht, Wasserpflanzen einzusetzen. Du bekommst sie billig im Zoofachgeschäft.

Und der Händler gibt jedem Interessierten obendrein auch gern weitere wichtige Ratschläge.

Kauf auch gleich eine Schnecke. Denn die Schnecke gibt der Pflanze ihre verdaute Nahrung.

Die von der Wasserpflanze ausgeschiedenen Sauerstoffbläschen dienen wiederum der Schnecke zum Atmen. Und ihre Blätter sind gleichzeitig das Schneckenfutter.

Dem Aquarium sollte man einen Platz im Licht geben. Meide aber die heiße Sonne.

Ein Tellerchen obendrauf dient dem Schutz von außen.

Wenn du deinen künftigen Gästen alles gut eingerichtet hast, kannst du dir einige Tierchen fangen. Dann erlebst du z. B. einmal Mückenlarven, Kaulquappen und Wasserspinnen hautnah.

Vergiss nicht, sie nach etwa zwei Tagen zurückzubringen!

1. *Unterstreiche alle Objekte.*

TIPP

In einfachen Sätzen kommt neben Subjekt und Prädikat meist noch das Satzglied ***Objekt*** *(Satzergänzung) vor.*
Das Objekt ergänzt die Satzaussage (Prädikat).
WEN? *oder* WAS? *erfragt das Akkusativ-Objekt (Objekt im 4. Fall).*
WEM? *fragt nach dem Dativ-Objekt (Objekt im 3. Fall).*
(Neben Akkusativ-Objekt und Dativ-Objekt gibt es noch das Genitiv-Objekt. Es wird aber nur selten gebraucht. – Beispiel: Er schämt sich seiner Tränen nicht. – Ulli bedarf unserer Unterstützung. – *Frage:* Wessen?)

Ein wertvolles Feuchtgebiet

Etwas außerhalb von Neustadt liegen drei Teiche. Sie bilden ein wertvolles Feuchtgebiet. Im Sommer erlebt man dort nicht nur lautes Froschquaken, sondern auch bellende Hunde, lärmende Kinder und grillende Erwachsene. Manche von ihnen nehmen sogar noch ein erfrischendes Bad im kühlen Wasser der Teiche.

Aufmerksame Naturschützer und die örtlichen Behörden wollen diese unliebsamen Störungen in diesem einzigartigen Schutzgebiet jetzt unterbinden. Ab sofort gibt es Strafen für unerlaubtes Baden, Verlassen der Wege, Grillen usw.

Frei laufende, herrenlose Hunde, die gern im Uferbereich stöbern, stören die empfindliche Tierwelt bei Brut, Rast und Aufzucht der Jungen. Sie sollen eingefangen und ins städtische Tierheim gebracht werden.

Wer sich für die artenreiche Natur der Teiche interessiert, kann sich einer fachkundigen Führung anschließen. Sie wird wöchentlich einmal kostenlos von den ansässigen Naturschutzvereinen angeboten.

1. *Unterstreiche alle Beifügungen, die ein Nomen (Substantiv/Hauptwort) näher bestimmen. Das Nomen kannst du z. B. punktiert unterstreichen.*

TIPP

Nomen (Substantive/Hauptwörter) können näher bestimmt werden.
Man fügt ihnen dazu andere Wörter bei:

ein wertvolles **Feuchtgebiet;** frei laufende, herrenlose **Hunde;**

das **Verlassen** der Wege *usw.*

Solche Beifügungen heißen auch ***Attribute.***

ACHTUNG

Die Sternchen geben an, wo du etwas einfügen könntest!

1. *Bestimme die Nomen genauer. Unterstreiche dann die Attribute.*

- Der * Storch fängt den * Frosch.

Der hungrige Storch fängt den dicken Frosch.

- Am * Ufer des * Teiches leben * Tiere sowie * Pflanzen.

(feucht, kleinen, winzig und groß, selten)

- Auch auf dem Grund * gibt es * Lebewesen.

(der Teich, viel + interessant)

- Wenn in einen * Wiesenteich * Nährstoffe gelangen, wachsen die * Algen bald sehr schnell. Sie nehmen dann den * Pflanzen das * Licht weg und der * Teich beginnt zu sterben.

(gesund, fremd, winzig, übrig, notwendig, schön)

- Unsere * Naturschutzgebiete sollen auch der Gesundheit * dienen. Aber wir müssen für ihre * Behandlung sorgen.

(einzigartig, die Menschen, schonend + liebevoll)

TIPP

In erweiterten Sätzen findet man oft auch ***Umstandsbestimmungen*** *(adverbiale Bestimmungen). Sie machen zusätzliche Angaben zum Geschehen, das der Satz beschreibt.*
Es gibt zum Beispiel die
(1) Umstandsbestimmung des Ortes *(adverbiale Bestimmung des Ortes):*
Jennifer wohnt in Neustadt. *(Frage:* WO?)
(2) Umstandsbestimmung der Richtung *(adverbiale Bestimmung der Richtung):*
Jennifer fährt von Neustadt nach Berlin. *(Frage:* WOHER? – WOHIN?)
(3) Umstandsbestimmung des Mittels *(adverbiale Bestimmung des Mittels):*
Jennifer fährt mit dem Bus. *(Frage:* WOMIT?)
(4) Umstandsbestimmung des Zeitpunktes *(adverbiale Bestimmung des Zeitpunktes):*
Jennifer fährt morgen. *(Frage:* WANN?)
(5) Umstandsbestimmung der Zeitdauer *(adverbiale Bestimmung der Zeitdauer):*
Jennifer fährt für zwei Wochen nach Berlin. *(Frage:* WIE LANGE?)
(6) Umstandsbestimmung des Grundes *(adverbiale Bestimmung des Grundes):*
Jennifer fährt aufgrund einer Einladung. *(Frage:* WARUM? WESHALB?)
(7) Umstandsbestimmung der Art und Weise *(adverbiale Bestimmung der Art und Weise):*
Jennifer fährt allein. *(Frage:* WIE?)

Umstandsbestimmungen sind Satzglieder!

Über die Luft

Luft gibt es überall auf der Erde. (1) Wir brauchen sie zeitlebens. (5) Manchmal (   ) weht sie von der See her (   ), dann wieder von den Bergen. (   )
Zur Reinhaltung der Luft (6) wird heute (   ) viel getan. Niemand sollte unsere notwendige Atemluft gedankenlos (   ) mit Abgasen usw. (   ) verschmutzen und verpesten.
Im 17. Jahrhundert (   ) entdeckte man, dass die Luft außer Sauerstoff auch andere Bestandteile enthält. Den größten Anteil, nämlich 78 Prozent, bildet nachweislich (7) Stickstoff.
Er heißt so aufgrund seiner Feuer löschenden Wirkung (   ). Gibt es an Land (   ) keine Luft, stirbt hier (   ) alles ab.
Geht das Wasser aus, lebt nach kurzer Zeit (   ) nichts und niemand mehr.

1. *Unterstreiche alle Umstandsbestimmungen. Ordne ihnen dann die richtige Zahl zu. (Siehe Beispiele oben.)*

Das kannst du jetzt

Wortarten

- ***Nomen*** *(Substantive/Hauptwörter):* Geburtstag, Marcel, Jungen, Mädchen
- ***Verb*** *(Tätigkeitswort/Zeitwort):* schaukeln wollen, befestigen, juchzen, zuflüstern, liegen, rollen, kratzen; ist gegangen, wird rufen
- ***Adjektiv*** *(Eigenschaftswort/Wiewort):* nagelneu, heftig; schöner, am weitesten
- ***Artikel*** *(Geschlechtswort):* die, dem, der, den, des
- ***Personalpronomen*** *(persönliches Fürwort):* ich, wir, sie; er, seiner, ihm, ihn
- ***Possessivpronomen*** *(besitzanzeigendes Fürwort):* mein, dein, ihre, eure; Ihr, Ihre
- ***Präposition*** *(Verhältniswort):* zwischen, im, neben, unter, bei, über
- ***Konjunktion*** *(Bindewort):* denn, nachdem, weil, dass, und, ehe, obwohl
- ***Adverb*** *(Umstandswort):* gleich, einmal, sofort, viel, plötzlich
- ***Numerale*** *(Zahlwort):* eins, drei, hundert; erste, elfte, hundertste; viertel (Pfund)
- ***Interjektion*** *(Ausrufewort):* Au! – Oh! – Hmmm!

Nomen, Verb und Adjektiv sind die wichtigsten Wortarten. *Sie können verschiedene Formen bilden (= flektiert werden). Dabei ist das Verb am vielfältigsten.*

Nomen *erkennt man oft an ihren Begleitern. Nomen haben – bis auf die Eigennamen – ein grammatisches und ein natürliches Geschlecht, und sie können durch Personalpronomen ersetzt werden.*

Verben *sagen aus, dass etwas geschieht. – Sie kommen in verschiedenen Formen vor. Im Wörterbuch findet man sie in der Grundform (Infinitiv).*

Mit Verben können sechs verschiedene Zeitformen (Tempusformen) gebildet werden. Sie heißen: Präsens, Präteritum, Perfekt, Plusquamperfekt, Futur I und Futur II. Man unterscheidet drei Zeitstufen: Vergangenes, Gegenwärtiges und Zukünftiges.

Adjektive *geben Eigenschaften, aber auch das Aussehen, den Zustand usw. an. Adjektive werden gebeugt, und man kann sie steigern.*

Personalpronomen *(persönliche Fürwörter) können Namen und Nomen ersetzen.*

Das ***Possessivpronomen*** *zeigt an, dass jemand etwas besitzt oder dass es zu ihm gehört. Die Höflichkeitsformen* Ihr, Ihre, Ihren *und* Ihrer *werden großgeschrieben.*

Präpositionen *helfen, im Satz Ordnung zu schaffen. Sie drücken Unterschiede in Zeit, Ort sowie Art und Weise aus.*

Konjunktionen *verknüpfen Wörter, Wortgruppen oder Sätze miteinander. Dabei können sie z. B. die Zeit andeuten, auf Gründe hinweisen usw.*

Adverbien *geben im Satz eine Antwort auf die Fragen* WO?, WANN?, WIE?, WARUM? *usw. Sie erläutern die Umstände eines Geschehens genauer.*

Sätze und Satzglieder

Die ***Haupt-Satzarten*** *sind Aussagesatz, Fragesatz und Aufforderungssatz.*

Der Aussagesatz kommt am häufigsten vor. Mit ihm wird etwas erzählt, ausgesagt, mitgeteilt. Am Ende steht ein Punkt.

Auf den Fragesatz erwartet man eine ausführliche Antwort oder auch nur eine knappe Entscheidung. Nach dem Fragesatz steht ein Fragezeichen.

Der Aufforderungssatz (Befehlssatz) äußert eine Bitte, einen Wunsch, einen Befehl usw. Er endet mit einem Ausrufezeichen.

Ein Satz besteht aus einzelnen ***Satzgliedern*** *(Satzteilen). In einfachen Sätzen sind das* ***Subjekt, Prädikat*** *und meist auch ein* ***Objekt.***

In erweiterten Sätzen findet man oft auch ***Umstandsbestimmungen*** *(adverbiale Bestimmungen). Sie bezeichnen Wörter oder Satzteile näher.*

TEST GRAMMATIK

1. *Ordne die Wörter nach Wortarten. (Achte dabei auf die richtige Groß- und Kleinschreibung.)*

das, Ausland, an, älter, atmen, ich

Verb, ein, über, hart, unser, mag

ihm, ersetze, Artikeln, ersetzbar, nach, eine

starteten, der, dir, rotem, Gleises, durch

mein, des, folgst, vollem, Karpfen, entlang

zwischen, gingen, ihr, eines, frei, Start

Nomen	Verben	Adjektive
Ausland	atmen	älter

Pronomen	Artikel	Präpositionen
ich	das	an

2. *Bilde die Formen.*

1. Person Singular, Präsens von *rufen*	ich rufe
2. Person Singular, Präteritum von *holen*	du
3. Person Singular, Perfekt von *kommen*	sie
1. Person Plural, Plusquamperfekt von *denken*	wir
2. Person Plural, Futur I von *wachsen*	ihr
3. Person Plural, Futur II von *gehen*	sie

3. *Wähle die jeweils passende Umstandsbestimmung (adverbiale Bestimmung) aus und trage sie unten in die Lücken ein. (Jede darf nur einmal eingesetzt werden.)*

Frage	**Umstandsbestimmung** (adverbiale Bestimmung)
WO?	*in den salzigen Sümpfen am Mittelmeer – dort –*
WOHIN?	*in ihre nordische Heimat*
WANN? – WIE LANGE?	*während des Rückflugs*
WIE OFT?	*während der Brut – bei der Jagd – einmal pro Jahr*
WIE?	*ungestört – sehr – besonders intensiv*
WARUM?	*zum Zwecke der Tarnung*
WESHALB?	*durch die natürliche Anpassung*

Gefiederpflege und Gefiederwechsel

Die wichtigsten Rastplätze für selten gewordene Vögel findet man in den salzigen Sümpfen am Mittelmeer. (WO?)

Die Vögel ruhen sich ______ (WO?) ______ (WANN?) ______ (WOHIN?) aus.

Der männliche Kampfläufer zum Beispiel wechselt hier ______ (WIE?) sein mausgraues Winterkleid gegen ein vielfarbiges Gefieder. Das Weibchen behält seine unauffällige Färbung ______ ______. (WARUM? WESHALB?)

So wird es ______ (WANN? WIE LANGE?) kaum gestört.

______ (WARUM? WESHALB?) haben die Kampfläufer bessere Überlebenschancen.

Bei Habicht, Falke und Adler werden besonders ______ (WANN?) die Schwungfedern ______ (WIE?) belastet. Sie halten Verbiegungen und Verwindungen aus, ohne zu brechen.

Deshalb pflegen diese Vögel ihr Gefieder ______. (WIE?)

Doch trotz der besonderen Pflege nutzen sich die Federn so stark ab, dass auch sie ______ (WIE OFT?) das Federkleid wechseln.

BEWERTUNG

0 – 3	FEHLER:	SEHR GUT
4 – 7	FEHLER:	GUT
8 – 12	FEHLER:	BEFRIEDIGEND
13 – 16	FEHLER:	AUSREICHEND
ÜBER 16	FEHLER:	DU MUSST NOCH ÜBEN!

KAPITEL 3

Das musst du wissen

Erzählen

Erlebtes lässt sich eindrucksvoll wiedergeben. Am besten, wenn es einen besonders bewegt hat und spannend war. Heute erzählt man meist mündlich. Dann gibt es einen oder mehrere direkte Partner (Zuhörer), die bei Bedarf nachfragen können.
Erzählungen werden aber auch aufgeschrieben, gedruckt, verfilmt usw. In der Schule erzählen wir schriftlich im Aufsatz.
Bei der Erlebniserzählung ist es vor allem wichtig, wie man erzählt. Schon die Überschrift und der Anfang müssen interessant sein. Der Hauptteil führt dann steigernd zum Höhepunkt der Geschichte hin. Im letzten Teil, dem Schluss, kommt es zu einer Auflösung der Geschichte, zu einer Erklärung bzw. zur allgemeinen Abrundung.
Normalerweise ist das Präteritum (Vergangenheitsform) die gebräuchliche Hauptzeitform, weil man ja von Vergangenem erzählt. Etwas Unerwartetes, Spannendes kann man dazwischen im Präsens (Gegenwartsform) darstellen. Dabei wird auch oft die wörtliche Rede verwendet.
Man kann von eigenen oder fremden Erlebnissen erzählen. Aber auch Ausgedachtes (Fantasieerzählung) und Nacherzähltes können fesselnd sein. In der Schule nutzt man daneben auch Bilder (Bildergeschichten) und Reizwörter (Reizwortgeschichte).
Der Erzähler muss sich jedes Mal für die Ich-Form oder die Er-/Sie-Form entscheiden.

Berichten

Fernsehen, Radio, Zeitung, Internet: die Medien liefern ständig Berichte – über alles.
In der Schule hast du vielleicht schon einmal mit einer besonderen Berichtsform zu tun gehabt, dem Unfallbericht.
Die Form des Berichts kommt auch als Aufsatz vor. Hier zählen nur Tatsachen, Genauigkeit, Personen-, Zeit- und Ortsangaben. Für eigene Gefühle, Gedanken usw. ist kein Platz.
Als Zeitform wird vor allem das Präteritum gewählt.

Anleiten

Mit Anleitungen hat man im Alltag öfter zu tun: beim Ein- und Zusammenbauen, beim Spielen, Basteln, Kochen, beim Anschließen und Benutzen von Geräten. Man merkt dann schnell, ob eine Anleitung gut ist oder nicht. Besonders auf ihre Brauchbarkeit musst du also bei der Anleitung achten.
Wichtig dabei ist die Angabe von benötigtem Material und Werkzeugen sowie die genaue Beschreibung der einzelnen Schritte. Abbildungen können sehr hilfreich sein. (Im Schulaufsatz muss man darauf meist verzichten.)

Beschreiben

Im Alltag ist vor allem die Wegbeschreibung wichtig. Da helfen manchmal auch keine satellitengestützten Navigationssysteme weiter.
Bedeutung haben auch Gegenstands-, Tier- und Personenbeschreibung.
Als Regel gilt für alle beschriebenen Formen: Kurz, klar und ohne Ausschmückungen schreiben. Farben, Formen, Namen, Eigenarten und Kennzeichen sind wichtig, bei Wegbeschreibungen auch Richtungsangaben. Als Tempus (Zeitform) wird normalerweise das Präsens verwendet.

Diese vier **Aufsatzformen** lassen sich meist in drei Teile untergliedern: Einleitung, Hauptteil, Schluss. Das schafft Übersichtlichkeit.

ÜBUNGSTIPP

Vorbereitung auf Klassenarbeiten

Klassenarbeiten werden rechtzeitig angekündigt. Wenn du immer aufgepasst und die Hausaufgaben erledigt hast, bist du jederzeit gut vorbereitet.
Es kann aber mal sein, dass du gefehlt oder einen schlechten Tag erwischt hast. Vielleicht hast du manches auch noch nicht richtig verstanden.

Auf jeden Fall sind folgende Tipps immer hilfreich:

1. *Notiere in* ***Stichworten,*** *was in der Arbeit drankommen könnte. (Es wird kaum mehr sein, als ihr in der letzten Zeit in der Schule durchgenommen habt.)*
2. *Teile dir* ***Übungsportionen*** *für eine Woche ein. (Bis zu 1 Stunde pro Tag, nicht zu spät abends.)*
3. *Wenn es um einen* ***Aufsatz*** *geht, musst du auf jeden Fall auch schreiben. Und dann brauchst du jemanden, mit dem du deinen Text besprechen kannst. Überarbeite den Aufsatz auch mit dem Wörterbuch. (Bei der Aufsatzübung ist reden gut, schreiben aber noch besser und unbedingt notwendig.)*
4. *Nutze in der Schule jetzt jede Gelegenheit* ***nachzufragen.*** *(Du kannst das mit anderen absprechen, und einer meldet sich für euch.)*
5. *Übe nicht zu lange, leg* ***Pausen*** *ein. (Ein Getränk, ein bisschen Musik zwischendurch, mal kurz vor die Tür gehen ...)*
6. *Bei der* ***Aufsatzvorbereitung*** *hilft es auch, Erlebnisgeschichten oder ein spannendes Buch zu lesen. Oder: kurze Zeitungsberichte, eine einfache Original-Spielanleitung, eine Bedienungsanleitung, eine Bastelanleitung, eine Anleitung zum Zusammenbau, ein Rezept usw.*
7. *Bei* ***Diktaten:*** *Schreibe kurze Texte ab: aus dem Sprachbuch, deinem Heft, aus der Zeitung. Noch besser ist es, wenn dir jemand diktiert; vielleicht geht es auch mit dem Kassettenrekorder. Falls du eine Fehlerkartei hast, übe die Fehlerwörter! – Auf jeden Fall musst du mit dem Wörterbuch arbeiten und alles überprüfen. Beim Diktat darfst du es meist benutzen, also vergiss es nicht.*
8. *Pass in den* ***letzten Stunden vor der Arbeit*** *besonders gut auf. Erledige die Hausaufgaben genau. (Hier verstecken sich oft noch gute Hilfen.)*

Wenn du dich so vorbereitest, brauchst du keine Angst zu haben. Mehr kann man nicht tun. Jeder hat Stärken und Schwächen. Und mit diesem Gedanken wirst du an die Arbeit gehen.

Erzählt wird überall und ständig. Es macht Spaß und ist zudem wichtig. Bei der mündlichen Erzählung wird wenig vorgeplant, und man kann direkt auf die Zuhörer reagieren.
Die schriftliche Erzählung gibt dir Zeit. Du kannst die Überschrift, die Einleitung, den Hauptteil und den Schluss in Ruhe überdenken. Dabei hilft zum Beispiel ein Stichwortzettel, manchmal auch eine kleine Zeichnung.

1. *Andreas erzählt aus den großen Ferien. Er hat mit seinem Freund Markus gezeltet und eine gefährliche Nacht erlebt. – Unterstreiche eine oder zwei Überschriften, die dir dazu gefallen könnten.*

(1) Eine Nacht im Zelt – (2) In den großen Ferien – (3) Angst im Zelt –
(4) Mein Freund Markus und ich – (5) Die Gewitternacht auf der Wiese

Die Überschriften (3) und (5) lassen ahnen, dass etwas Spannendes passiert ist. Gefühle wie Angst müssen auch eine Rolle gespielt haben. Das Erlebnis wird nicht ganz ungefährlich gewesen sein.
Die anderen Überschriften versprechen zu wenig. Sie verlocken kaum zum Lesen.

TIPP

*Die Formulierung der **Überschrift** ist sehr wichtig. Sie soll Interesse wecken und zum Lesen anregen.*
Übrigens: Profis überprüfen die Überschrift noch einmal, wenn der Aufsatz fertig ist. Manchmal lässt sie sich noch verbessern.
Nachdem mit der Überschrift die Neugier geweckt ist, wird mit der Einleitung (Erzählanfang) zum Thema hingeführt. Man erfährt dabei z. B. etwas über die Personen, den Ort und die Zeit. Es darf aber nichts verraten werden, was die Spannung zerstören könnte.

Angst im Zelt

Einleitung A	*Einleitung B*
Markus und ich sind Pfadfinder. In den großen Ferien wollten wir einmal ausprobieren, was wir schon alles beim Zelten gelernt hatten. Von einem bekannten Bauern bekamen wir die Erlaubnis, seine Waldwiese zu benutzen. Bald war alles aufgebaut und eingerichtet. Auch die Lampe funktionierte, und wir ahnten noch nichts Schlimmes.	Ich habe einmal mit meinem Freund gezeltet. Das war im Sommer. Unser Zelt bauten wir im Grünen auf. Für alles war gut vorgesorgt: Luftmatratzen, Decken, Radio, CD-Player, Handy, Lampe und Essen. Auch der Wetterbericht störte uns nicht, obwohl ein Gewitter angesagt war. Wir sind ja Pfadfinder.

1. *Vergleiche die beiden Einleitungen (Erzählanfänge). Ergänze dann.*

In Einleitung B erfährt man nichts Näheres über die

P (= Andreas und Markus), den O (= Waldwiese) und die genauere Z (= große Ferien, nachts).

Außerdem verrät sie schon, dass

nachts ein G

TIPP

Die Einleitung (Erzählanfang) liefert wichtige Informationen, die für das Verstehen des nachfolgenden Hauptteils notwendig sind.
Hilfsfragen: WER? – WANN? WIE LANGE? – WO? WOHER? WOHIN? – WARUM?
Die Einleitung sollte nicht zu lang sein. Mit einem Fünftel der gesamten Geschichte kann man auskommen.

Angst im Zelt

Einleitung C
Da hatte es uns kalt erwischt! Ich glaube, jeder andere hätte sich genauso gefürchtet wie wir. Markus und ich sind nämlich Pfadfinder. Und wir wollten in den großen Ferien einmal anwenden, was wir schon alles gelernt hatten. Das ausgerechnet allein auf einer Waldwiese.

2. *Einleitung C ist eine weitere Möglichkeit, zum Hauptteil der Erzählung hinzuführen. Was gelingt hier besonders gut?*

Es fängt sofort

Beinahe schief gegangen! – Letzter Tag auf Klassenfahrt – Die entscheidende Mathe-Arbeit – In der alten Fabrik – Das war ein Volltreffer! – Eine Mutprobe – Auch noch das! – Nachtruhe? – Ein Streich in der Stunde – Pech mit dem Fahrrad – Noch einmal Glück gehabt … – Eine unangenehme Überraschung – Daran mag ich nicht zurückdenken

1. *Lies dir die Überschriften in Ruhe durch. Zu welcher fällt dir gleich etwas ein? Wähle eine aus und schreibe eine Einleitung dazu. (Später dann die ganze Geschichte.)*

TIPP

Auf die Einleitung folgt der ***Hauptteil.*** *Das ist ein neuer Abschnitt (Absatz). Beginn ihn deshalb mit einer neuen Zeile oder lass sogar eine ganze Zeile frei.*
Im Hauptteil wird der Leser allmählich zum ***Höhepunkt der Geschichte*** *geführt. Das ist der spannendste (oder lustigste oder überraschendste) Teil.*
Danach wird der Leser kaum noch zu fesseln sein, das Wichtigste ist ja gesagt!
Deshalb folgt darauf der ***Schluss,*** *der die Geschichte abrundet.*

2. *Versuche, dir für die Erzählung „Angst im Zelt" Stichworte zu notieren. Sie können sich an dieser Treppe mit „Spannungskurve" orientieren. Schreibe dann einen Aufsatz in dein Übungsheft.*

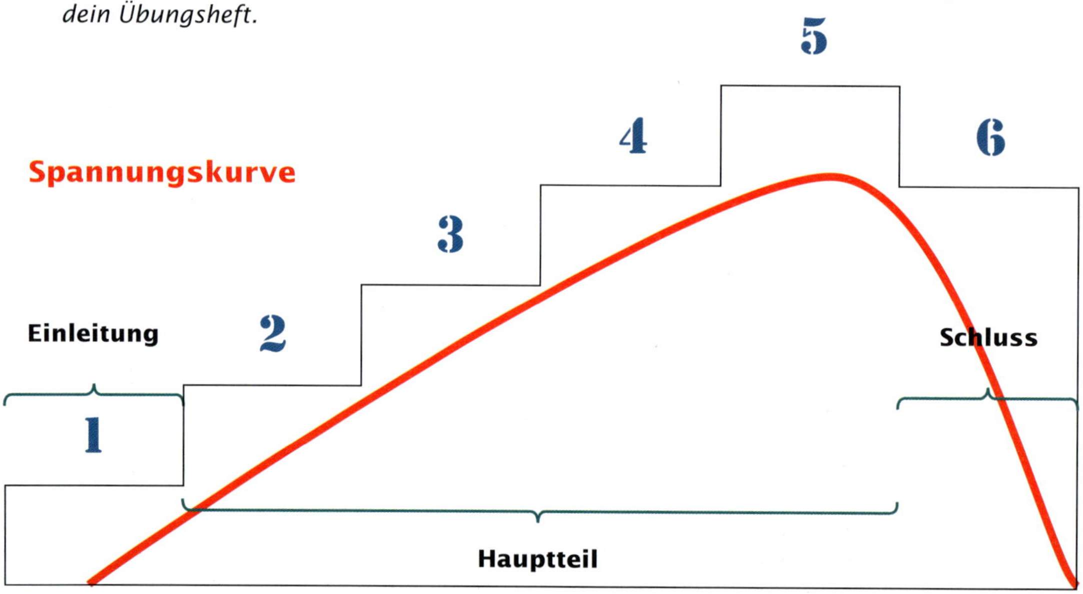

Einleitung:	1.
Hauptteil:	2.
	3.
	4.
	5.
Schluss:	6.

ÜBUNGSTIPP

Anlegen einer Hilfskartei für Aufsätze

…wort-Kartei, Rechtschreib-Kartei, Lern-

Eine Hilfskartei für Aufsätze kann alle … enthalten, zum Beispiel
- …
- Beispiele für abwechslungsreiche Satzanfänge
- Wiederholungswörter und Synonyme … verwandte Wörter)

Du solltest heute mit einer Hilfskartei für **Satzanfänge** beginnen.
Dazu brauchst du zunächst … linien. Größe: etwa 7 x 10 Zentimeter.
… oder im Kaufhaus, Schreibwarenhandel usw. bekommen.
Stelle die Kärtchen in eine passende Schachtel.

Ab jetzt schreibst du alle möglichen guten Satzanfänge auf, die du kennst. Suche auch in deinem Deutschheft, im Arbeitsheft, Sprachbuch und dem zugehörigen Übungsheft. Tausche auch mit Freunden aus.

Ordne die Satzanfänge nach dem Abc. Ab jetzt kannst du stets nachschlagen. Und vor allem: Was du schon einmal eingetragen hast, prägt sich besser in deinem Kopf ein.

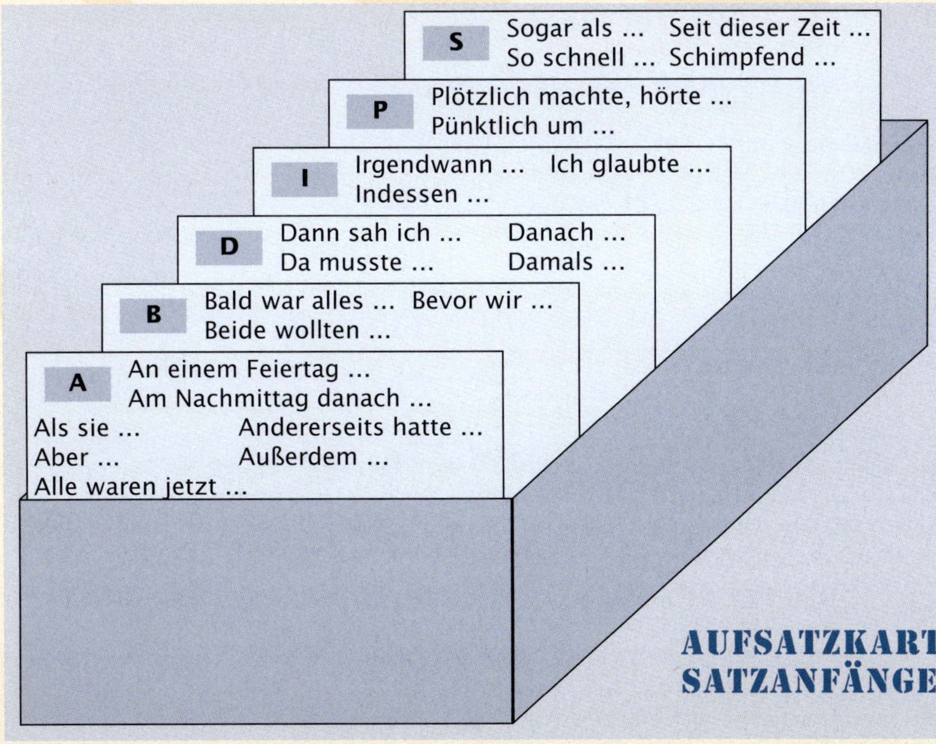

AUFSATZKARTEI 1:
SATZANFÄNGE

1. *Sieh dir die Seiten 72–74 noch einmal an und schreibe jetzt eine Erlebniserzählung zu der Überschrift „Angst im Zelt“.*

TIPP

Wenn du von einem eigenen Erlebnis erzählst, wählst du wahrscheinlich die ***Ich-Form.***
(Da hörte **ich** ein Knacken. – Keiner glaubte **mir.** – Dann entdeckten sie **mich.**)
Wenn du von fremden Erlebnissen erzählst, verwendest du die ***Er-Form*** *bzw. die* ***Sie-Form*** *oder die* ***Es-Form.***
Erzähle immer nur von einem Erlebnis. Dann verzettelst du dich nicht, und es wird spannender.

2. *Schreibe deine Erlebniserzählung von der Ich-Form in die Er-Form um (oder umgekehrt). Du kannst das auch mit dem Lösungsaufsatz von Seite 125/126 probieren.*

3. *Noch einmal: der Schluss. – Er soll nicht zu lang sein, aber auch nicht zu kurz. Auf keinen Fall darf er eine „neue Geschichte“ erzählen. Er rundet ab: die Erzählung ist wirklich zu Ende. Streiche im folgenden Schluss weg, was nicht dazugehört.*

Überschrift:	**Angst im Zelt**
Einleitung:	Markus und ich (...)
Hauptteil:	Plötzlich wachten wir auf ... Ich konnte die Taschenlampe nicht finden ... Da krachte es fürchterlich ... Dann riss es an der Zelttür ... Vater stand davor!
Schluss:	So schnell wie wir haben Pfadfinder selten ihre Behausung verlassen. Wir sind schon drei Jahre Pfadfinder. Ich weiß noch, wie alles anfing. Eigentlich wollte Markus gar kein Pfadfinder werden. Wir rannten zum Weg, wo Vaters Auto stand. Es ist ein grüner VW. Vater sicherte noch kurz das Zelt und kam dann eilig zurück. Alle waren wir klatschnass. Und erst jetzt konnten wir wieder reden. Zuerst brachten wir Markus nach Hause. Mama machte mir dann noch einen heißen Tee. Und endlich konnte ich in mein sicheres Bett kriechen. Nachts träumte ich von einem Ufo. Damit flogen Markus und ich auf den Mars. Dort trafen wir lauter grüne Männchen und schlossen Freundschaft mit ihnen. Die hält bis heute.

1. *So wird alles noch besser: Überarbeite den Text noch einmal. – Ergänze diese Zeitangaben, falls dir weitere einfallen. Überprüfe dann eine deiner Erlebniserzählungen, ob du sie mit Hilfe dieser Ausdrücke noch genauer oder auch spannender machen kannst.*

plötzlich, jetzt, auf einmal, zuerst, bevor, soeben, gerade

gleich darauf, danach, nachdem, kurz davor, heute, manchmal

bald darauf, sofort, nach wenigen Minuten

zum Schluss, zuletzt, gestern, nachdem, nach dem …, seitdem, seither, immer

endlich, kürzlich, neulich, morgen, derzeit, vorhin, ununterbrochen

hinterher, nach langem …, bislang, immer wieder, ab und zu, gleichzeitig

früher, damals, morgens, vormittags, mittags, nachmittags, abends, nachts, am Morgen

während, in diesem Moment, in diesem Augenblick, unterdessen, zwischendurch

2. *Wiederholungen sind langweilig. Überprüfe, ob du in deiner Erzählung Wiederholungen vermeiden kannst. Benutze die Tabelle. Besser: Lege eine passende eigene Tabelle an. (Das solltest du übrigens auch bei jedem Klassenaufsatz auf einem Zettel tun.)*

der Mann	**die Frau**	**sagen …**	**Angst haben**
er, ihm, Herr …, sein Vater, Erwachsener, mein Opa …	sie, ihr, Frau …, Erwachsene, Annas Oma, die alte Dame …	meinen, fragen, schreien, flüstern, brummen, sprechen, sich äußern …	Furcht haben, in Panik geraten, voller Entsetzen, fürchten, bange sein, mutlos …
Gewitter	**Regen**	**schlafen**	**erleichtert**
Unwetter, Donner und Blitz, Gewitterregen, Wetterleuchten, fernes Grollen …	Niederschlag, dicke Tropfen, nieseln, Guss, gießen, schütten, sprühen, tröpfeln …	ruhen, pennen, Nickerchen machen, dösen, schnarchen, schlummern, im Bett liegen …	froh, heilfroh, dankbar für, keine Angst mehr, in Sicherheit, aufatmen …

Fortsetzen einer Geschichte

1. *Hier findest du den Anfang einer Erlebniserzählung. Du sollst ihn fortsetzen, also weitererzählen. – Schreibe zunächst den Anfang in dein Übungsheft ab, damit du dich allmählich hineindenkst. Am Schluss erfindest du noch eine Überschrift.*

Anna fuhr in den Sommerferien mit ihren Eltern für eine Woche in den Thüringer Wald. Die schöne Ferienwohnung kannte sie bereits. Und ihr Hund Astor, ein großer Münsterländer, durfte auch mit. Gleich am zweiten Tag …

2. *Notiere jetzt die Überschrift zu deiner Geschichte im blauen Feld oben.*

3. *Lies den Aufsatz in deinem Übungsheft noch einmal gründlich durch und überarbeite ihn, falls nötig.*

ACHTUNG

Die wörtliche Rede kann in diesen drei Formen vorkommen:
Anna sagte: „Ich habe den Hund nicht von der Leine gelassen.“ – „Und wie kommt er in den Wald?“, fragte der Förster. – „Sie können es mir glauben oder nicht“, versicherte Anna, „das weiß ich wirklich nicht.“

4. *Überprüfe deinen Aufsatz mit Hilfe der Bewertungstabelle. (Am besten mit jemand anders zusammen.)*

Überschrift	treffend: 3 Punkte	geht so: 2 Punkte	passt nicht: 0 Punkte	Gesamtpunkte:
Fortsetzung	spannend, originell: 3 P.	einigermaßen spannend: 2 P.	langweilig: 0 P.	Gesamtpunkte:
Spannungsbogen	steigt an, fällt dann plötzlich ab: 3 P.	steigt schnell an, fällt dann langsam ab: 1 P.	wechselt ständig, keine echte Spannung: 0 P.	Gesamtpunkte:
Schluss	schließt die Geschichte gut ab: 3 P.	etwas zu kurz: 2 P.	passt nicht, ist kein Ende: 0 P.	Gesamtpunkte:
wörtliche Rede	gut eingesetzt: 3 P.	passt nicht immer: 2 P.	gar nicht eingesetzt: 0 P.	Gesamtpunkte:
Satzanfänge und Wiederholungen	prima abgewechselt: 3 P	kaum Wiederholungen: 2 P.	viele Wiederholungen: 0 P.	Gesamtpunkte:
Verben und Adjektive	passend und ausdrucksstark: 3 P.	meist ganz gut: 2 P.	passen oft nicht: 0 P.	Gesamtpunkte:
Zeitformen des Verbs	Vergangenheit und Gegenwart passend: 3 P.	wenige Fehler: 2 P.	passen meist nicht: 0 P.	Gesamtpunkte:
Gesamtpunktzahl (von 24 möglichen Punkten):				Punkte

Das kannst du jetzt: Erlebniserzählung

Überschrift
Die Überschrift einer Erlebniserzählung ist sehr wichtig. Sie macht auf die Geschichte neugierig, aber sie verrät nichts vom eigentlichen Inhalt.
Wenn die Lehrerin/der Lehrer eine fertige Überschrift vorgibt, dann ist das eine Aufgabe. Du musst sie in Ruhe durchlesen und verstehen, was du dazu schreiben sollst. Notiere ruhig schon ein paar Stichwörter.

Einteilung (Gliederung)
Normalerweise wird die Erlebniserzählung eingeteilt in
- *Einleitung (Erzählanfang)*
- *Hauptteil*
- *Schluss*

Einleitung
Die Einleitung ist der Erzählanfang. Sie liefert wichtige Informationen, die man braucht, um den Hauptteil zu verstehen. Das sind zum Beispiel Angaben über die „Figuren" (Personen, Tiere ...), den Ort und die Zeit, in der das Erzählte spielt.

Hauptteil
Im Hauptteil entwickelt sich die Geschichte. Schritt für Schritt wird sie interessanter und spannender. Sie steigt zu einem Höhepunkt an. (Bei längeren Geschichten können das auch zwei, drei Höhepunkte sein, die sich aber immer zu einem Haupt-Höhepunkt hin steigern.)
Erzählt wird in der Vergangenheit (meist Präteritum). Dabei kann man an besonders spannenden Stellen in die Gegenwartsform (Präsens) springen.
Gute Mittel für die Ausgestaltung sind die wörtliche Rede sowie die Beschreibung von Gefühlen und Gedanken. Dazu braucht man treffende Adjektive und Verben.
Wiederholungen, auch bei Satzanfängen, machen die Geschichte langweilig.

Schluss
Der Schluss folgt bald auf den Höhepunkt der Erzählung. Hier erfährt der Leser die Auflösung, das Ende der Geschichte. Im Schluss kommt also nichts hinzu, was wie eine neue Geschichte aussehen könnte.

Überschriften (Themen), mit denen du für den Erlebnisaufsatz üben kannst:

Es kam alles ganz anders – Glück gehabt – Ärger im Schulbus – Das war total ungerecht – Fast verloren – Ein missratener Ausflug – Ein Tag mit gemischten Gefühlen – Beinahe erwischt – Überraschung bei der Faschingsfeier – Spaziergang mit meinem Hund – Die Zeugnisausgabe – Eine Mutprobe – Falscher Alarm – Die Versuchung im Kaufhaus – Ertappt! – Scherben bringen Glück – Auf Entdeckungsreise – Nachts allein zu Hause – Da war ich völlig fertig – Pech gehabt – Das passiert mir nie wieder – Pech mit dem Fahrrad – Total blamiert – Beinahe reingelegt – Doch noch geschafft – Erleichtert! – Verschlafen! – Rettung im letzten Moment – Ein gelungener Streich – Ein gefährlicher Auftrag – Die Geburtstagsüberraschung – Das war nicht meine Schuld – So ein Verräter! –

Oder: Schreibe eine Geschichte zu einem der Bilder auf Seite 11, 57, 88 oder 132.

ÜBUNGSTIPP

Nichts geht über das Lesen *– kein Film, kein Video, kein Hörbuch ...*
Also lies mal wieder. Du bildest dir tolle eigene Vorstellungen, erfährst über die Abenteuer und das Leben anderer. Du spürst, wie man atemberaubend erzählen kann.

Hier findest du einen Abschnitt aus Fritz Steuben:
Der Fliegende Pfeil
Eine Erzählung aus dem Leben Tecumsehs, alten Quellen nacherzählt.

Der weiße Mann lief mit zusammengebissenen Zähnen. „Schneller! Schneller! Schneller!" – das waren alle seine Gedanken. Das hohe, scharfe Gras der Prärie schlug ihm gegen die Knie, Schweiß rann ihm in Strömen aus allen Poren, Blut, das aus einer Streifwunde lief, klebte sein blondes Haar zusammen, sein Atem ging keuchend und stoßweise, jetzt stolperte er – aber er riss sich wieder hoch. Er trat auf einen losen Stein, der sich unter seinem Fuß drehend fortrollte, doch die Zehen hatten schon wieder Grund gefasst, und er raste weiter. „Schneller! Schneller! Schneller!" – hämmerte es hinter seiner Stirn; er hörte die Tritte der Indianer hinter sich, unterdrückte Rufe, und das spornte an wie Feuer im Fleisch.
Er sah seinen Schatten vor sich hertanzen, seine Sprünge vergrößernd; einzelne Bäume glitten dunkel an ihm vorbei, er sprang über den wilden Wein, dessen Ranken wie Schlangen am Boden krochen, mit einem Satz fegte er über ein hohes Weidengebüsch – „Schneller! Schneller! Schneller! ..." Er ballte die Fäuste, rannte, was Lunge und Beine hergaben. Er lief geradewegs nach Osten, zurück zu den Siedlungen der Weißen. Die waren noch weit, aber sehr nahe war ihm der Feind. Er lief um sein Leben.
Längst schon hatte er die große Menge der Indianer von sich abgeschüttelt, die aufgeregt, wütend, unter kriegerischen Rufen sich sofort bei seinem Ausbruch an die Verfolgung gemacht hatten; die meisten hielten ein solches Rennen nicht durch. Aber diese letzten vier schüttelte er nicht von sich ab, das waren Läufer, die den Büffel überholten. Mit einem allein, selbst mit zweien, hätte er, der Waffenlose, es schon aufgenommen, seine beiden kräftigen Fäuste würden ihm alle Waffen ersetzt haben. Aber vor vier mit Messern und Kriegskeulen bewaffneten Shawnee blieb nur die Flucht. Hinauf und hinab über die leichten Hügelwellen der Ebene ging die wilde Jagd, an Schwarzeichen, an Nussbäumen vorbei, das hohe, zwei und drei und vier Fuß lange Gras verbarg den Boden, jeden Augenblick konnte der Weiße stürzen, aber er lief mit blinder Sicherheit.
Die roten Krieger waren klug und ließen sich nicht auf einen Dauerlauf ein. Sie setzten alles auf Schnelligkeit und rannten unter Anspannung aller ihrer Kräfte, mit langen, federnden Sätzen. Während der Gejagte nach Art der Weißen den ganzen Fuß auf die Erde setzte, liefen die Roten auf den Fußspitzen – das schonte die Kräfte, gab ihrem Lauf größere Leichtigkeit. Sie schnellten förmlich über den Boden. Und der Schnellste von ihnen kam seinem Opfer immer näher.
Da stieß der Indianer am rechten Flügel zwei Worte aus, ein Triumphgeschrei der anderen war die Folge. Sie rannten jetzt einen leichten, weiten Abhang hinab, nicht mehr weit war der Wald, der dem weißen Mann Rettung bringen konnte. Aber jetzt sah er auch die Schlucht im Talgrund, die sich wie ein dunkler Riegel quer vor die Richtung seines Laufes in die grüne Ebene legte. Ein Blick genügte, ihm zu sagen, dass er den Spalt nicht überspringen konnte.

Aber dieser Mann gab sich nicht so leicht verloren. Wenn es nicht hinüberging, dann an der Schlucht entlang ... Sofort bog er nach links ab. (...)
Und dann sah er einen Schatten links neben sich wachsen, den Schatten des Indianers, der ihm an nächsten war. Zunächst sah er nur den Kopf, aber der Schatten wuchs erbarmungslos, die schon tief im Westen stehende Sonne warf ihn weit vor den Läufer. Mit der Geschwindigkeit eines vom Präriebrand gejagten Mustangs fegte der schnellste der Roten heran – und da war auch schon die Schlucht, gut 12 bis 16 Fuß breit, aber dem angstgepeitschten Flüchtling zehnmal so breit erscheinend, ein gähnender, schwarzer, ungeheurer Spalt ...
Jedoch der Weiße biss die Zähne zusammen. „Dreimal lieber mit dem Kopf gegen die Felsen –", raste es noch einmal durch sein Gehirn – er ballte die Fäuste, spannte alle Sehnen, sauste heran und sprang ...!
Aber schon in der Luft sah er, dass der Sprung zu kurz war, dass seine Füße die Erde drüben nicht erreichen würden - wild warf er die Arme vor, prallte mit dem Leib hart gegen die Kante der Schlucht, die Hände krallten sich in das Gras, griffen rasend schnell weiter, der Oberkörper fiel vornüber, die Füße schlugen in die Wand ... und so klebte er mit dem Rumpf auf dem jenseitigen Rande, den Kopf an den Boden gepresst, Hände, Arme, Brust in die Erde wühlend, während die Beine über der Schlucht hingen.
Da stand schon der Indianer drüben, an der Stelle des Absprungs, und hob mit raschem Schwung den Schädelbrecher zum Wurf ...
Aber er ließ den Arm wieder sinken.
„Das Gelbe Haar ist ein großer Springer. Tecumseh hat den Tod in seiner Hand, aber seine Faust bleibt geschlossen."
Im rauen Englisch tönten die Worte, ruhig und bewundernd gesprochen, über den Abgrund herüber.
„Von dieser Jagd werden die Krieger noch nach vielen Sommern erzählen. Das Gelbe Haar war ein Bär, dann war er ein Hirsch und jetzt wurde er ein Vogel; er berichte seinen Frauen, wie gut er geflogen ist. Tecumseh ist ein Shawnee."
Der Weiße lag und lauschte. Er hatte schon geglaubt, das Pfeifen der Waffen in der Luft zu hören, und er begriff den Sinn der Worte erst, als sie längst verklungen waren. – Jetzt ließ der Krampf der Muskeln nach, er wälzte sich auf festen Grund und erhob sich.

Berichte spielen im Alltag eine große Rolle. Viele davon hören wir uns nur an: Sportbericht, Wetterbericht, Bericht des Klassensprechers ...
Wer z. B. Zeuge eines Unfalls wird oder sogar selber einen Unfall erleidet, muss meist selbst auch schriftliche Angaben machen. Dabei geht es weder um Gefühle noch Gedanken, sondern nur um Tatsachen!

Ein Verkehrsunfall
Am Montag, dem 2. Februar, ging ich zum Schulbus. Meist holt mich Anna ab, aber an diesem Tag kam sie nicht. Drei Häuser weiter von uns steht eine große Platane. Das ist ein Baum. Und hier ist die Kreuzung der Weberstraße mit der Goethestraße. Die Goethestraße hat Vorfahrt. Als ich an die Kreuzung kam, hörte ich plötzlich ein lautes Quietschen. Mein eigenes Fahrrad quietscht auch, aber nicht so laut. Dann schepperte es. Ich traute meinen Augen nicht! Direkt vor einem blauen Golf lag Anna mit ihrem Fahrrad. Sie war wohl zu spät dran gewesen und hatte das Rad genommen. Sie stellt es dann immer bei uns ab und wir gehen gemeinsam zum Bus. Der Autofahrer sprang heraus und lief zu Anna. Er war bestimmt schon 60, konnte aber noch gut laufen. Da war Anna schon aufgestanden. Ich glaube, sie sah mich nicht gleich. Ich war inzwischen hinter den Golf gegangen und hatte mir die Nummer gemerkt: FW – XY 98. Das Vorderrad des Fahrrads war verbogen und Annas Hose hatte ein großes Loch. Der Golf hatte eine leichte Beule am linken Kotflügel. Da kam schon ein Polizeiwagen. Den hatte bestimmt Frau Kluge aus dem ersten Haus gerufen. Die sieht nämlich alles, auch was sie nicht sehen soll. Die Polizisten besahen den Schaden und machten Notizen. Anna brachten sie nach Hause. Ich ging dann zum Schulbus, weil es schon spät war. Im Unterricht hat mich an diesem Tag nichts mehr interessiert, ich musste immer an Anna denken. Heute Nachmittag besuche ich sie gleich.

1. *So hat Jan den Unfall seiner Freundin Anna erlebt und davon erzählt. Als Unfallbericht wäre das natürlich viel zu lang. – Schreibe in Stichwörtern heraus, was du zu folgenden Punkten Wichtiges erfährst:*

Wer? – Unfallpartner: Anna (mit Fahrrad)

Wer? – Zeugen:

Wann? – Datum und Uhrzeit: 2. Februar

Wo? – Ort, Straßen:

Was? Wie? – das Geschehen:

Welche Folgen? – Schäden und was dann geschah:

TIPP

*Ein **Bericht** über einen Unfall (oder Schaden oder Diebstahl usw.) kann sehr wichtig sein.*
Oft geht es dabei um Schuld, Verletzungen, Schäden und Ähnliches.
Berichte deshalb nur Tatsachen, keine Vermutungen und Gefühle.
Berichte nur das Wichtigste, nur was für das Verständnis notwendig ist.
Berichte der Reihe nach: Namen, Zeit, Ort, Geschehen, Folgen.

1. *Sieh dir die Unfallskizze genau an und notiere danach weitere wichtige Angaben zu Annas Unfall. (Nutze auch Nr. 1 von Seite 82.)*

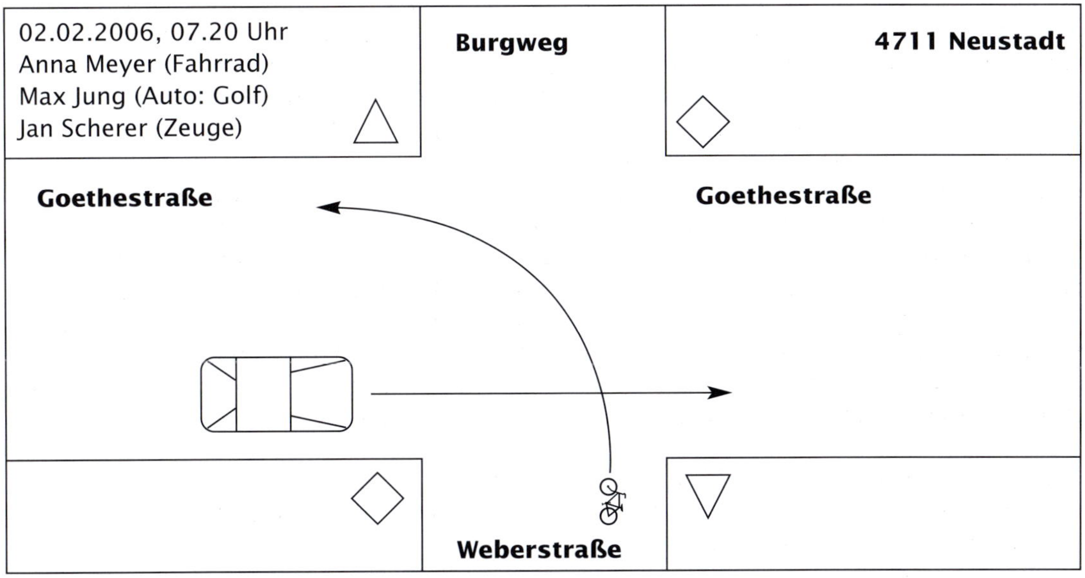

Wer? – Unfallpartner: Anna Meyer, Herr

Wer? – Zeugen:

Wann? – Datum und Uhrzeit: 2. Februar 2006

Wo? – Ort, Straßen:

Was? Wie? Warum? – das Geschehen:

Welche Folgen? – Schäden und was dann geschah:

1. *In der Schule wird nach einem Unfall dieser Berichtsbogen gebraucht. Vielleicht hast du ihn schon einmal gesehen. – Versuche, möglichst viele Eintragungen zu Annas Unfall zu machen. (Erfinde auch Angaben, die passen könnten.)*

Unfallanzeige für Kinder in Kindertageseinrichtungen, Schüler, Studierende

Name und Anschrift der Einrichtung (Kindertageseinrichtung, Schule, Hochschule):

Freihalten für den Versicherungsträger

Art der Einrichtung: ☐☐ (GS = Grundschule)

Träger der Einrichtung: (Wem gehört die Schule?)

Familienname und Vorname des Verletzten: geboren am:

Geschlecht ☐ männl. ☐ weibl.*

Staatsangehörigkeit

Anschrift des Verletzten (Postleitzahl, Wohnort, Wohnung):

ledig ☒ Ja ☐ Nein*

Kinder ☐ Ja ☒ Nein*

Name und Anschrift des gesetzlichen Vertreters:

Krankenkasse des Verletzten: ☐ pflicht- ☐ freiwillig- ☐ familien- ☐ privatversichert*

Wochentag Datum Jahr Uhrzeit des Unfalls:

Tätigkeit am Unfalltag
Beginn: Uhr Ende: Uhr

Verletzte Körperteile:

Art der Verletzungen:

Zuerst behandelnder Arzt:

Jetzt behandelnder Arzt oder Zahnarzt:

Krankenhaus, in das der Verletzte aufgenommen wurde:

Unfallstelle (bei Wegeunfällen genaue Ortsangabe):

Unfallhergang:

(wenn erforderlich, auf gesondertem Blatt fortfahren)

Zeugen des Unfalls:

Hat der Verletzte wegen des Unfalls den Besuch der o. a. Einrichtung unterbrochen?
Wenn ja, seit wann? bis wann?

Neustadt, den

Ort, Datum (Unterschrift eines Erziehungsberechtigten)

Kenntnis genommen

* Zutreffendes bitte ankreuzen

TIPP

Was eng zusammengehört, sollte im Satz auch miteinander verbunden werden. Dazu dienen ***Bindewörter*** *(Konjunktionen) wie:* und, sowie; aber, sondern, trotzdem; denn: als; da, weil; damit; obwohl; anstatt dass *usw.*
Bestimmte Konjunktionen und Ausdrücke gebraucht man, um genauer auszudrücken, wann etwas geschah.

- *was gleichzeitig geschah:* während, unterdessen, gleichzeitig, im Verlauf, solange, zur selben Zeit
- *was noch davor geschah:* ehe, bevor, früher, zunächst
- *was danach noch geschah:* nachdem, danach, dann, nachher, anschließend, später

1. *Verbinde die folgenden Sätze jeweils zu einem einzigen Satz. Benutze dazu Verbindungswörter.*

Ich kam an die Kreuzung. Ich hörte plötzlich ein lautes Quietschen.

Als

Anna wurde von einem Golf erfasst. Sie hatte die Vorfahrt missachtet.

Anna

Der Autofahrer lief sofort zu Anna. Sie war schon aufgestanden.

Der

Annas Fahrrad hatte vorn eine Acht. Ihre Hose war beschädigt. Das linke Knie war leicht abgeschürft.

Annas

Die Polizisten brachten Anna nachhause. Sie konnte mit dem Rad nicht mehr fahren. Sie hatte einen kleinen Schock.

Die Polizisten

TIPP

Ein Bericht ist keine Erlebniserzählung. Er muss in allen Teilen wahr sein.
Du berichtest immer über etwas Vergangenes. Also benutze dementsprechend vor allem das ***Präteritum*** *(Vergangenheitsform).*

1. *Schreibe einen ausführlichen Unfallbericht. Du kannst ihn in Einleitung – Hauptteil – Schluss einteilen. (Hilf dir mit dem Unfallbogen auf Seite 84.)*

Wann? – Wer? – Wo? – Was?

Was? – Wie? – Warum?

Welche Folgen?

Beschädigung einer Fensterscheibe in der Klasse 5d

1	Am Mittwoch, dem 10. März 2006, hatten Jasmin, Markus und ich (Anna) nachmittags Volleyball-AG bei Herrn Habermann.
	Als 5 Minuten nach 3 Uhr noch immer kein Lehrer da war, übten wir schon mal ein bisschen.
	Wir wollten uns wie immer um 14.50 Uhr im Klassenraum der 5d treffen, wo die Bälle liegen. Dort warteten wir.
	Dabei ging eine Scheibe des rechten großen Klassenfensters zu Bruch.
	Markus hatte den Ball zu Jasmin geworfen.
	Ich riss dadurch zwei Stühle von einem Tisch.
	Der flog in die Scheibe.
	Jasmin gab weiter an mich, ich wieder an Markus.
	Der spielte den Ball schräg an die Wand, von wo er abprallte und mich am Kopf traf.
	Ein Stuhl davon fiel Markus auf den Fuß, als er gerade noch den Volleyball wegschlug.
	Das Glas sprang und splitterte teilweise heraus. Sonst war nichts passiert.
	Danach gingen wir zur AG in die Sporthalle.
	Anschließend liefen wir sofort zum Hausmeister.
	Dort trafen wir auch Herrn Habermann.
	Beide fegten die Glassplitter zusammen und sicherten das Fenster provisorisch mit einer großen Pappe.

1. *Ordne die Sätze zu einem sinnvollen Schadensbericht. Setze dazu Nummern in die Kreise.*

TIPP

*Eine **Dreiteilung** macht den Bericht übersichtlicher.*

2. *Schreibe den Bericht in dein Übungsheft.*

Das kannst du jetzt: Berichten

Allgemeines

Der schriftliche Bericht ist eine wichtige und praktisch sehr oft gebrauchte Textform. Er wird verwendet bei Unfällen, Schäden, Diebstahl usw.
Der Bericht enthält nur sachliche Informationen. Gefühle, Gedanken und Abschweifungen haben hier keinen Platz.
Einen Bericht schreibt man frei wie einen Aufsatz. Oder man füllt ein fertiges Formular aus – oder beides. In jedem Fall muss man daran denken, für wen man den Bericht schreibt. Der Arzt z. B. will mehr über die Verletzungen wissen, der Hausmeister Genaues über Beschädigungen, die Versicherung über die Schuldigen usw.

Einteilung (Gliederung)

Eine treffende Überschrift, die gleich angibt, worum es geht, und die Einteilung in Einleitung, Hauptteil und Schluss erleichtern die Übersicht.

Einleitung

Die Einleitung gibt Auskunft auf die Fragen

- *WER? (wichtige beteiligte Personen, manchmal auch Tiere)*
- *WO? (genauer Ort des Geschehens)*
- *WANN? (genauer Zeitpunkt des Geschehens)*
- *WAS? (worum es geht, was passiert ist)*

Hauptteil

Im Hauptteil, dem längsten und ausführlichsten Teil des Berichts, wird der Ablauf des Geschehens dargestellt: vollständig, knapp und natürlich richtig geordnet. Hilfreiche Fragen dabei sind: WIE?, WAS? und WARUM?

Schluss

Der Schluss gibt kurz an, was dem Geschehen (Unfall, Schaden, Diebstahl usw.) unmittelbar folgte.

Schriftliche Anleitungen kommen in der täglichen Praxis oft vor, sie sind wichtig. Anleitungen sollen erklären, wie etwas aufzubauen, durchzuführen, herzustellen, nachzumachen oder zu gebrauchen ist. Sind sie dabei keine Hilfe, taugen sie nichts.

1. *Hier eine Deutschaufgabe ausnahmsweise ohne Schreiben und ohne Grammatik: Lege dir mehrere Früchte zurecht, die dir schmecken. Dazu etwas Zucker oder flüssigen Süßstoff und Zitrone. Daraus soll ein toller Obstsalat werden.*
Also:
Wasche, schäle und schneide das Obst in Stückchen. Fülle dann alles in eine Schüssel. Süße den Salat oder gib Zitronensaft dazu. Vielleicht etwas Jogurt zur Abrundung? Und dann: guten Appetit!

2. *Rezept für einen Obstsalat – Stichwörter. Trage nach deinen Erfahrungen jetzt ein.*

Zutaten:

2 Äpfel,

Geräte:

1 große Schüssel,

Zubereitung:

Obst waschen,

TIPP

***Rezepte** sind **Anleitungen.** Man kann sie gut in drei Bereiche unterteilen:*
Zutaten – Geräte – Zubereitung. Dazu kann noch ein Hinweis auf schönes Anrichten oder Servieren kommen.
Entscheide dich für eine dieser Formen und verwende das Präsens (Gegenwartsform):
wasche ... / man wäscht ... / du wäschst ...

1. *Schreibe jetzt das Rezept* ausführlich *auf (siehe auch Seite 89). – Du kannst dir dabei mit dem Wörtervorrat aus dem Kasten unten helfen.*

Rezept für

Zutaten:

Geräte:

Zubereitung:

Zunächst wäschst du

Servieren:

Der fertige Obstsalat kann

Wörtervorrat

waschen, abtrocknen, zerschneiden, zerkleinern, würfeln, entfernen, dazugeben, abschmecken, mischen, umrühren, durchmischen, probieren, zuckern, schälen, trocknen, abwischen, entkernen, stehen lassen, unterrühren, verzieren, belegen mit, abtropfen lassen, abdecken, kühlen, süßen, säuern, füllen
zuerst, dann, danach, erst einmal, wenn ... dann, zunächst, nachdem, damit, sobald, während, gleichzeitig, vorsichtig, nach und nach, je nach Geschmack, nach Belieben, fürs Auge, gläsern

TIPP

Technische Anleitungen *sollen helfen, ein Gerät aufzubauen, anzuschließen bzw. es in Betrieb zu nehmen und richtig zu bedienen. Und zwar so, dass wirklich alles sicher funktioniert.*
Dazu erfährt man alles Notwendige über Material, Zubehör, Werkzeuge und die Reihenfolge der einzelnen Schritte.

1. *Lies dir die folgende technische Anleitung aufmerksam durch. – Du kannst dazu auch mal einen Blick auf deine eigene PC-Anlage werfen.*

Anschluss und Inbetriebnahme eines TFT-Flachbildschirms

1. Teile:
- TFT-Flachbildschirm mit Bildschirmfuß
- Monitorkabel und Lautsprecherkabel
- Netzanschlusskabel
- Netzteil
- Bedienungsanleitung mit Installations-CD
- Garantiekarte
- (kleinen Schraubendreher bereitlegen)

2. Arbeiten:
Vorbereitungen am PC:
- Strom abschalten und Netzkabel des alten Monitors entfernen
- altes Monitorkabel am PC entfernen

Vorbereitungen am TFT-Flachbildschirm:
- Bildschirm auf Bildschirmfuß setzen, einrasten
- Monitorkabel und Lautsprecherkabel hinten am Bildschirm einstecken
- dünnes Kabel des Netzteils (= Trafo) hinten in den Bildschirm einstecken
- TFT-Bildschirm mit Fuß und Kabeln auf Computertisch stellen
- freies Monitor- sowie Lautsprecherkabel-Ende hinten am PC einstecken (Eingang „Monitor" auf der Grafikkarte, Eingang „Audio" auf der Soundkarte)
- dickes Kabel des Netzteils (= Trafo) in die Steckdose stecken

3. Inbetriebnahme:
- PC starten und TFT-Flachbildschirm einschalten (Achtung: Das Bild kann kurz flackern und anders aussehen als vorher!)
- Falls der PC meldet „Neue Hardware gefunden": Installations-CD ins CD-Laufwerk einlegen und starten. Dann einfach dem Bildschirm folgen. – Fertig!
- Weitere Feineinstellungen können an den Bildschirmknöpfen vorgenommen werden.

TIPP

Die Anleitung zum Anschluss usw. eines technischen Gerätes lässt sich am besten unterteilen in

1. *Teile (Hauptgerät und Einzelteile)*
2. *Vorbereitung und Werkzeuge*
3. *Inbetriebnahme*

Beim Aufschreiben ist zu achten auf:

- *die richtige Reihenfolge*
- *einfache, klare Sätze*
- *die Anrede („Sie/du", „man" oder ganz ohne Anrede)*
- *passende Fachwörter (eventuell mit kurzer Erklärung)*

Dabei sind kleine Skizzen oft eine gute Hilfe. Und wenn irgend möglich, sollte man alles selbst einmal ausprobiert haben.

1. *Schreibe jetzt mit Hilfe der Abbildungen und der Angaben auf Seite 91 eine ausführliche Anleitung für den Anschluss des TFT-Bildschirms in dein Übungsheft.*

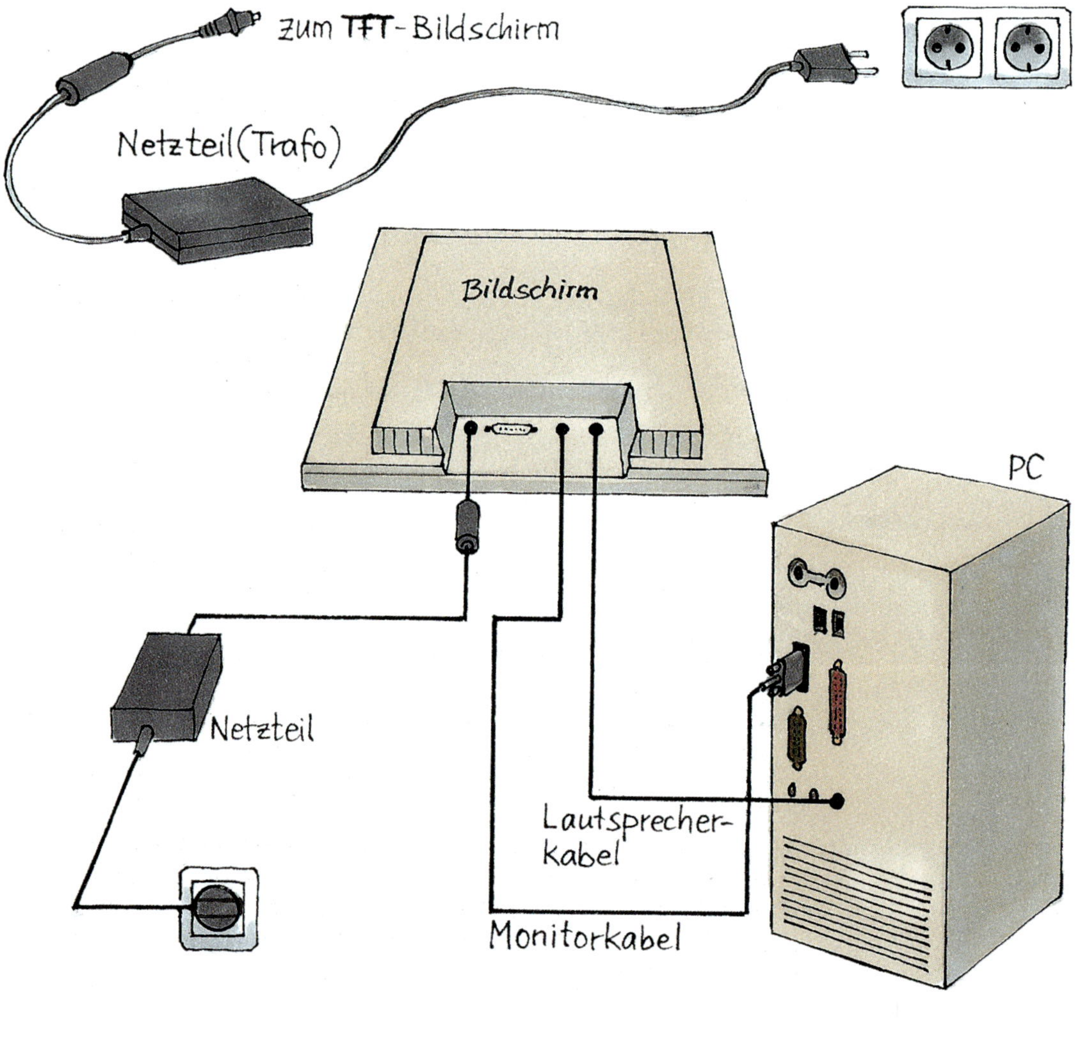

1. *Lies diese Bastelanleitung kritisch durch.*

Überschrift	Anleitung
Material und Werkzeug	Du wirst dich wundern, wie wenig du für die Herstellung eines tollen Dinos brauchst. Das meiste findest du wahrscheinlich gleich zu Hause. Also: 2 Luftballons (Farbe egal, ein runder und ein länglicher), etwas Bindfaden, Tapetenleim, Zeitungspapier (einige Zeitungen), ein dicker Tuschpinsel, Malkasten (Tuschkasten), 4 Papprollen vom Toilettenpapier (oder 2 Papprollen vom Haushaltspapier, halbiert). Dazu Tesafilm und eine leere Dose für den Leim. Das alles wird zum Basteln eines Dinos gebraucht.
Arbeiten	Der Arbeitsplatz sollte gut abgedeckt werden, weil du mit flüssigem Leim umgehst. Du könntest kleckern! Rühre zuerst den Tapetenleim an, denn er muss etwas stehen, bis er gebrauchsfertig ist. Richte dich ansonsten nach den Anweisungen auf dem Päckchen. Auf jeden Fall: Fülle immer erst das Wasser, dann das Leimpulver ein, sonst gibt es Klumpen, die sich schwer wieder auflösen. Der Leim sollte dickflüssig werden wie Trinkjoghurt. Blas dann die Luftballons auf. Einer wird der Kopf des Dinos, der andere der Rumpf. Hefte beide mit Tesafilm zusammen. Jetzt kommt die Hauptarbeit. Du musst nun nach und nach alles mit kleinen Zeitungspapierfetzen bekleben. Dabei merkst du bald, wie gut man mit dem feuchten Papier und Leim modellieren kann. So wächst dein Fantasie-Dino heran. Füge dann die Beine an und forme sie allmählich aus. Es ist gut, zwischendurch mal eine Pause von einem Tag zu machen, damit alles durchtrocknen kann. Es wird dadurch stabiler. Lagere den Dino dazu seitlich ab und stütze ihn. Am Schluss kannst du deinen Dino fantasievoll mit Deckfarben bemalen.
Inbetriebnahme	Eine richtige „Inbetriebnahme" wie bei einem technischen Gerät gibt es hier natürlich nicht. Auch kein „Servieren" wie bei einem Rezept. Aber vielleicht einen Tipp: Der Dino eignet sich zur Dekoration, z. B. auf deinem Schreibtisch. Oder als Geschenk für jemanden, der so viel Arbeit wert ist.

1. *Überarbeite die Bastelanleitung von Seite 93 und schreibe sie hier neu auf.*

ACHTUNG

Verzichte auf unnötige, abschweifende Angaben. Sie verwirren und lenken vom Kern der Bastelanleitung ab.

Bastelanleitung für einen Dino

Austausch eines DVD-Laufwerkes

1. Teile:

4 neue Schrauben
1 neues Breitbandkabel
1 neues Audiokabel

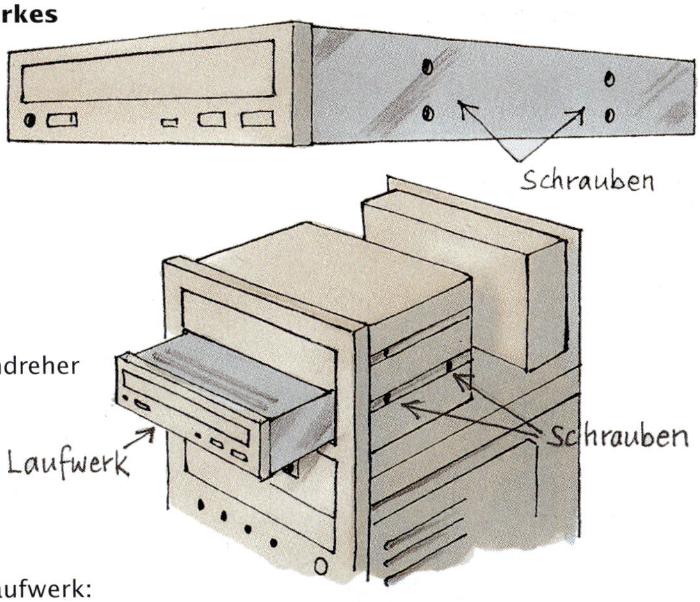

2. Arbeiten:
Vorbereitungen am PC:

(eventuell kleinen Schraubendreher bereitlegen)

Vorbereitungen am neuen Laufwerk:

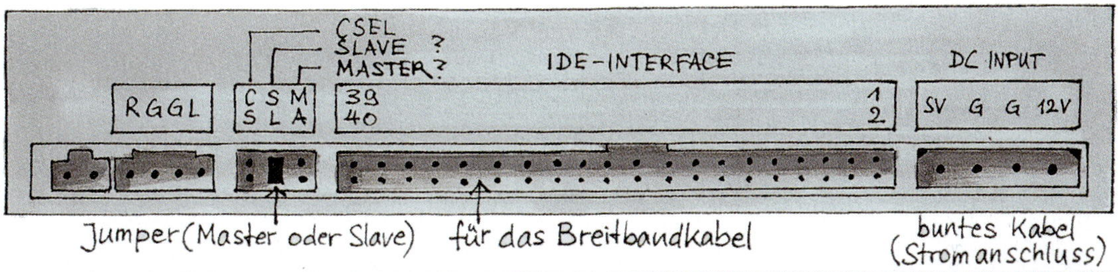

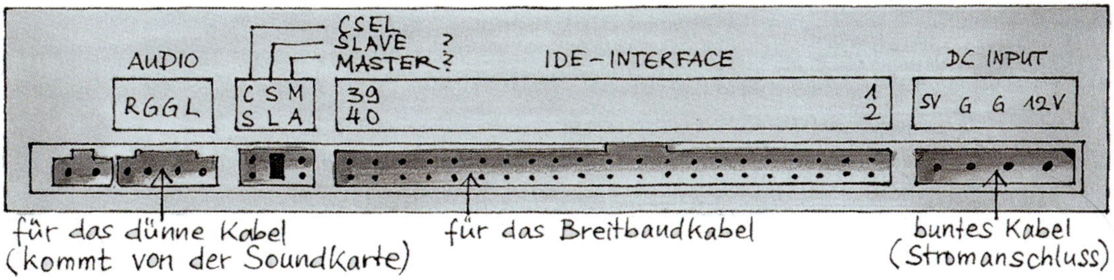

3. Inbetriebnahme:

mehrfarbiges Kabel (rot, gelb, schwarz) ins neue Laufwerk stecken; Breitbandkabel ebenfalls („Nase" beachten!); falls vorhanden: dünnes Audiokabel einstecken.
[Alle Kabel sitzen beim neuen Laufwerk wie beim alten!]
Festschrauben; PC schließen. Strom einschalten; PC und Monitor einschalten.
Starten – fertig!

1. *Studiere die Abbildungen und den Text, danach das Telefongespräch zwischen Markus und Anna (Seite 96).*

2. *Schreibe eine Anleitung in dein Übungsheft.*

Austausch eines DVD-Laufwerkes: Wie geht das?

Markus will an seinem Computer das alte DVD-Laufwerk gegen ein neues austauschen. Das neue Laufwerk ist viel schneller und leiser.
Der Händler hat gesagt, das sei ganz einfach. Aber Markus telefoniert lieber erst mit Anna. Die kennt sich aus.

Markus:	*Hallo, Anna! Du musst mir mal helfen. Ich will mein DVD-Laufwerk tauschen.*
Anna:	*Kein Problem. Hast du schon alles ausgepackt? Welche Teile hast du gefunden?*
Markus:	*Ich habe das Laufwerk, ein breites Kabel, 1 dünnes Kabel und 4 kleine Schrauben.*
Anna:	*Das hört sich gut an. Aber du brauchst wahrscheinlich noch einen kleinen Schraubendreher.*
Markus:	*Der liegt hier schon. Und die Vorbereitungen am PC habe ich auch schon angefangen: Alles ausgeschaltet und die Stecker aus den Steckdosen gezogen! Die Seitenwände des Computers konnte ich ohne Werkzeug abnehmen. Jetzt sehe ich auch das alte DVD-Laufwerk.*
Anna:	*Toll! – Jetzt hol dir mal einen roten Filzstift oder etwas Nagellack. Am alten Laufwerk sind nämlich drei Kabel: ein breites, ein ganz dünnes und eins mit den Farben rot-gelb-schwarz ...*
Markus:	*Stift habe ich geholt! Die Kabel sehe ich.*
Anna:	*Markiere jetzt das Breitbandkabel oben mit einem roten Punkt, dasselbe machst du mit den anderen Kabeln. Und zwar dicht am DVD-Laufwerk.*
Markus:	*O.K.!*
Anna:	*Zieh jetzt am DVD-Laufwerk alle Kabel vorsichtig und gerade nach hinten ab. Drehe dann an den Seiten die 2 bis 4 kleinen Schrauben heraus.*
Markus:	*(Nach 4 Minuten) Alles klar!*
Anna:	*Schieb das Laufwerk jetzt etwas nach vorn und zieh es heraus. Lege es genau auf das neue Laufwerk und vergleiche von beiden die Rückseite.*
Markus:	*O.K. – Und warum das?*
Anna:	*Wahrscheinlich wirst du nichts ändern müssen. – Die Laufwerke haben hinten „Jumper", das sind kleine Stecker. Die müssen beim neuen Laufwerk genauso stecken wie beim alten.*
Markus:	*Moment! Auf den Laufwerken ist auch ein Aufkleber mit Abbildungen dazu.*
Anna:	*Na also! Was siehst du darauf?*
Markus:	*Bei beiden Laufwerken stecken die Jumper in der Position „Master".*
Anna:	*Bestens. Lass alles so. Schieb nun das neue Laufwerk von vorn ein, steck die Kabel auf und schraub es fest.*
Markus:	*(Nach 5 Minuten) Fertig!*
Anna:	*Schließ die Seiten des PC und prüfe, ob sich hinten am Computer nichts gelockert hat. Stelle dann die Stromverbindungen wieder her und schalte PC und Monitor an. Jetzt booten, also starten und fertig!*
Markus:	*(Wieder nach 5 Minuten) Mensch, Anna, hast du gezaubert? Alles läuft bestens. Jetzt auch viel leiser, wenn ich eine CD oder DVD einlege. – Wollen wir demnächst mal gemeinsam mein neues Spiel ausprobieren?*
Anna:	*Klar, machen wir. Wann hast du denn Zeit?*

Wegbeschreibung

Es ist nicht immer einfach, den richtigen Weg zu finden. Da helfen trotz Satellitennavigation oft nur Fragen, eine Handskizze, Notizen oder eine ausgedruckte Internetseite.
Und wenn du selbst einmal gefragt wirst und Auskunft geben sollst, musst du sicher sein und die richtige Antwort finden.

1. *Zeichne rot den kürzesten Weg ein vom Bahnhof in die Gerberstraße. (Achtung: Der gesamte Holstentor-Platz mit Brücke davor ist gesperrt!)*

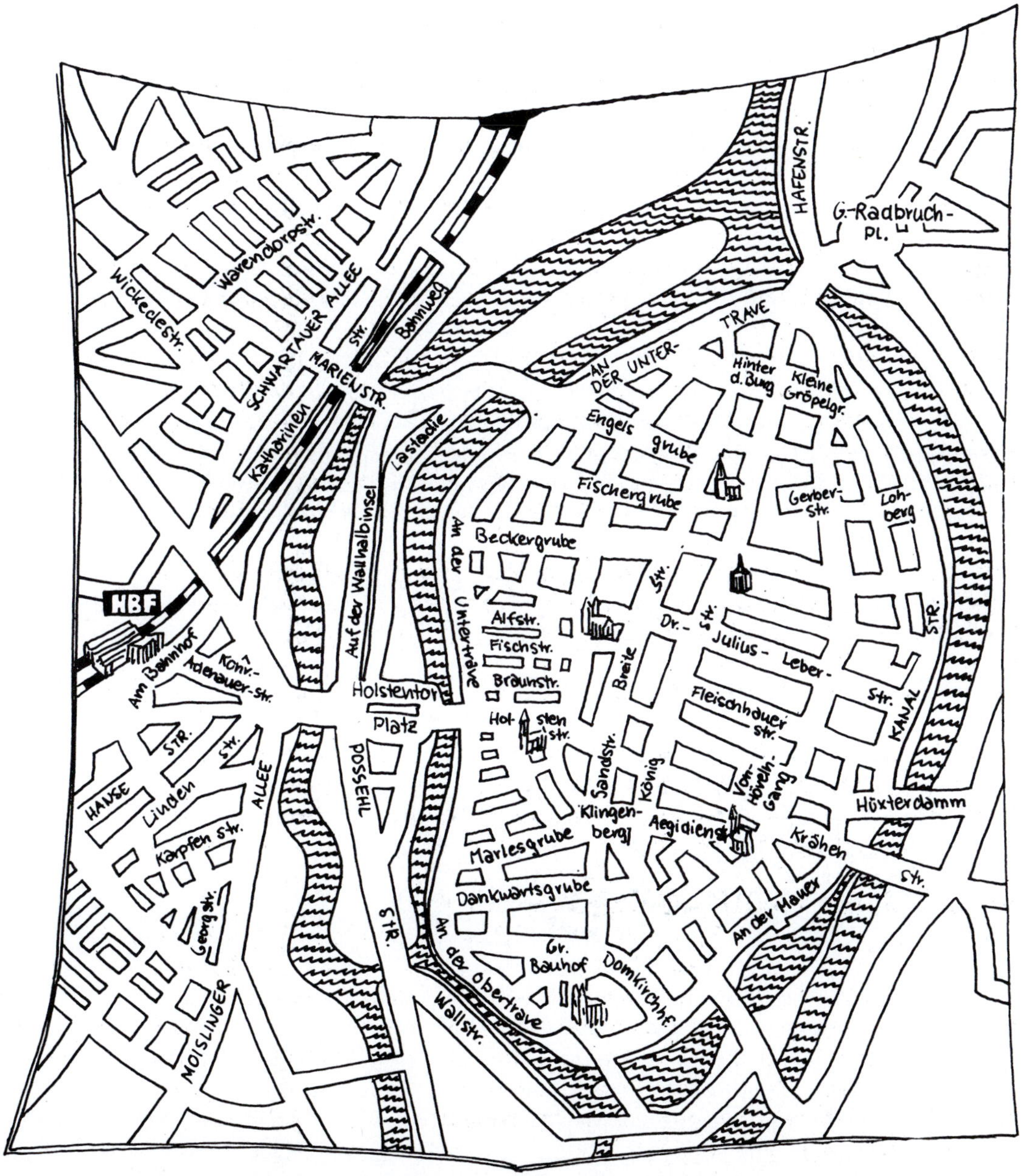

ACHTUNG

Vor einer nützlichen Wegbeschreibung muss man wissen, wie das Ziel erreicht werden soll: zu Fuß? – mit dem Rad? – per Auto?

1. *Notiere Stichwörter für die Wegbeschreibung vom Bahnhof zur Gerberstraße für einen Fußgänger. (Plan: Seite 97)*

Bahnhof – nach links bis

TIPP

***Wegbeschreibungen** sind so kurz wie möglich, einfach und klar. Keine Geschichten! Nur das Notwendigste wird angegeben. Deshalb sollte man auch vor einer mündlichen Beschreibung erst überlegen, dann erklären.*
Eindeutige Richtungsangaben und auffällige Orientierungspunkte sind wichtig und sehr hilfreich. Auch ungefähre Entfernungs- und Zeitangaben für die Strecke (oder Teilstrecken) sind nützlich.

2. *Beschreibe jetzt einem Fremden ausführlich den Fußweg vom Bahnhof zur Gerberstraße.*

Gehen Sie zuerst nach

Das kannst du jetzt: Anleitung

Allgemeines

Anleitungen braucht und gebraucht man ständig, z. B. um etwas zu kochen, ein Gerät anzuschließen oder auszutauschen, etwas zu bedienen, einen Gegenstand zu basteln, zusammenzubauen usw.
Fertige, schriftliche Anleitungen sind nur dann gut, wenn man sie verstehen und gleich nachvollziehen kann.
Schreibt man selbst eine Anleitung, muss man das natürlich genauso bedenken. Am besten ist es, wenn man sich mit der Sache auskennt und alles schon einmal ausprobiert hat.

Einteilung (Gliederung)

Eine Anleitung lässt sich meist in drei große Bereiche gliedern:

- *Teile und Werkzeuge* (beim Rezept: Zutaten und Geräte)
- *Arbeitsschritte* (beim Rezept: Zubereitung)
- *Inbetriebnahme* (beim Rezept: Servieren)

Bei allem sind Zeichnungen bzw. Abbildungen sehr hilfreich.

Die Anrede kann persönlich („Sie“, seltener „du“) oder unpersönlich („man“) sein. Manchmal nimmt man auch die unpersönliche Form des Passiv (Leideform): „Zuerst wird das Obst gewaschen.“
Als Zeitform wird das Präsens (Gegenwartsform) bevorzugt.

Das kannst du jetzt: Beschreibung

Allgemeines

Die Beschreibung von Wegen kommt ebenfalls oft vor. Sie ist für beide Seiten wichtig: die fragende und die antwortende Person. Ohne zuverlässige Beschreibung kann das Ziel nicht erreicht werden.
Wenn du gefragt wirst, denke erst nach und fasse dich dann kurz. Keine Abschweifungen, keine unklaren Angaben; eindeutige Hinweise auf die Richtung und Merkpunkte.
Lass Fragen zu und wiederhole lieber alles noch einmal, und zwar zusammenhängend.
Das gilt so auch für eine schriftliche Wegbeschreibung. Hier hat man allerdings die Möglichkeit, eine Skizze anzufügen; mache davon möglichst Gebrauch.

Einteilung (Gliederung)

Für die Wegbeschreibung gibt es keine Gliederung wie beim Aufsatz (Einleitung – Hauptteil – Schluss).
Sinnvoll ist es, sich an folgendem Schema zu orientieren:

von	➜	**über**	➜	**nach**
eigener Standort	➜	Zwischenziele/Merkpunkte	➜	Ziel
(Bahnhof)	➜	(Trave-Brücke)	➜	(Gerberstraße)

1. *Schreibe auf, aus welchen Teilen eine Erlebniserzählung besteht.*

Überschrift + + +

2. *Notiere kurz, was wichtig ist für:*

die Überschrift	weckt
die Einleitung	liefert
den Hauptteil	erzählt
den Schluss	rundet

3. *Das sind Stichwörter zu einem Aufsatz. Lies sie in Ruhe durch. Trage dann unten die zur Spannungskurve passenden Zahlen ein.*

Überschrift: Astor ist weg

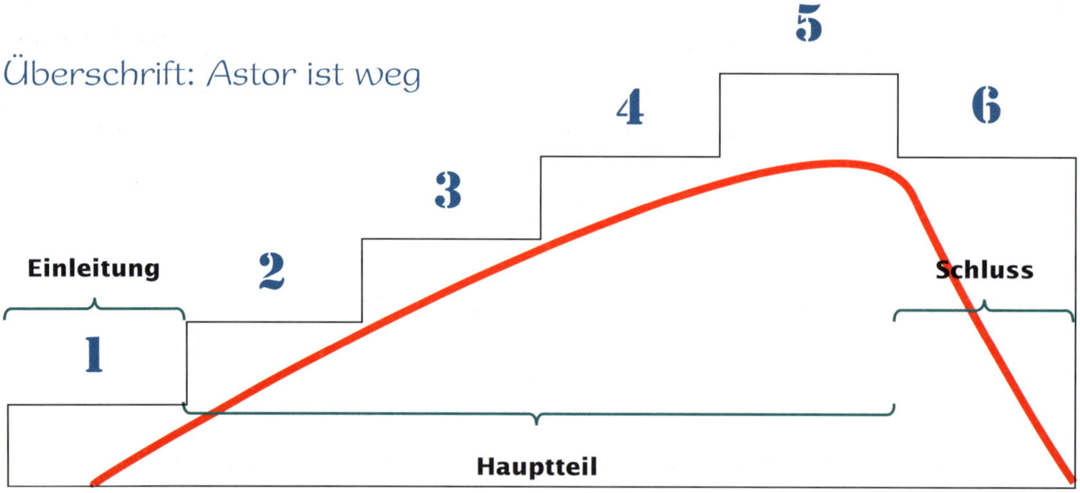

◯	Ferien im Thüringer Wald
◯	Astor jagte einen Fuchs
◯	Spaziergang mit Astor auf der Waldwiese
◯	eingeklemmt im Fuchsbau
◯	Plötzlich knackte es im Gebüsch!
◯	Fünf Spatenstiche: gerettet!

4. *Kreuze an, was zusammenpasst.*

	Erzählung	Bericht	Anleitung	Beschreibung
kurze Sätze	---	X		
wörtliche Rede				
meist Präteritum				
meist Präsens				
Präsens zur Spannungssteigerung				
treffende Wortwahl				
Gedanken und Gefühle				
knappe, sachliche Information				
Spannungskurve				
Skizzen und Erläuterungen				

5. *Streiche alle Sätze mit Ausdrücken weg, die* nicht *in einen Bericht gehören.*

Das wunderschöne Fahrrad mit den gelben Felgen lag verbogen auf der Straße. – Das Vorderrad des Fahrrades war verbogen. – Ihr rechtes Hosenbein war eingerissen. – Das linke Knie blutete. – Ich hoffte, dass meiner Freundin nichts passiert sei. – Es regnete zu diesem Zeitpunkt. – In den Nachrichten hatte man schlechtes Wetter angesagt. – Die Polizei nahm den Unfall auf. – Es passierte auf der Kreuzung Goethestraße – Amselweg. – Der Polizist setzte sich erst die Mütze auf, dann ging er zu dem Unfallort.

6. *Welche Fragen könnten besonders bei einem Bericht hilfreich sein?*

WER? –

7. *Was sollte man am besten praktisch tun, bevor man eine Anleitung schreibt?*

Alles

BEWERTUNG

0 – 3	FEHLER:	SEHR GUT
4 – 7	FEHLER:	GUT
8 – 12	FEHLER:	BEFRIEDIGEND
13 – 16	FEHLER:	AUSREICHEND
ÜBER 16	FEHLER:	DU MUSST NOCH ÜBEN!

ABSCHLUSSTEST

1. *Setze jeweils das richtig geschriebene Wort ein und streiche die anderen durch.*

Unser Englisch-Unterricht

Wenn ich an meine Unterrichtsstunden (Unterrichtsstunden/~~Unterrichtstunden/Unterichtsstunden~~) denke, ___ (fält/fellt/fällt) mir sofort Englisch ein. In Englisch haben wir ___ (viel/fiel) ___ (Spass/Spaß), ___ (den/denn) Herr Walsch ist sehr ___ (nedt/nett/net). Er ___ (schimft/schimmpft/schimpft) nur ___ (fürchterlich/fürchterlig), ___ (wen/wenn) jemand ein ___ (Kaugummi/Kaugumi) im ___ (Munt/Mund/Mundt) hat. Oder wenn ___ (jemant/jemand) mal das Buch oder die Hausaufgaben ___ (vergißt/vergisst).

Wenn wir ___ (erzählen/ertzählen) ___ (müßen/müssen), und einer macht zu ___ (viele/fiele) Fehler, dann sagt er: „Du hörst erst mal zu." Und er ___ (nimmt/nimt) einen anderen dran.

Vor einer ___ (Arbeid/Arbeit) sagt er uns genau, was wir lernen ___ (solen/sollen). Wenn wir nach einem ___ (Teßt/Tesst/Test) aushaben, ___ (läst/läßt/lässt) er jeden schon gehen, der eher ___ (vertig/fertig) geworden ist. Ich bin ___ (meißt/meist/meisst) der ___ (Lezte/Letzte/Letze), weil ich alles ___ (immer/imer) noch einmal genau nachprüfe. ___ (Deshalp/Deshalb) schreibe ich ___ (fast/fasst/faßt) immer eine Zwei.

2. *Mit dem Bus oder mit dem Delfin zur Schule? – Setze ein.*

Zur Zeit Christi l___bte der römische Schr___ftsteller und Offizier Plinius. Er hat die folgende Geschichte erz___lt.

Jeden Tag g___ng der kleine Julius ans S___ufer. Er lockte mit Brot einen Delf___n an. Der Fisch n___m die Sp___se fr___dig entgegen und sch___n dabei zu bl___nzeln. Dann l___ß er Julius auf seinen R___cken st___gen. Mit b___melnden B___nen wurde Julius auf die andere S___te des S___s getragen. Dort war seine Sch___le. Das d___erte drei J___re lang. Dann starb Julius an einer Krankh___t. Und der Delf___n wurde immer tr___riger, weil er den Kn___ben nicht m___r s___. Er soll bald dar___f vor Tr___er ebenfalls gestorben sein.

3. *Schreibe den Text zeilenweise auf. Denke dabei an die Groß- und Kleinschreibung und setze die fehlenden Zeichen.*

HAUSAUFGABEN MACHEN

WENN ICH KEINE LUST HABE   HAUSAUFGABEN ZU

Wenn ich keine

MACHEN   SCHALTE ICH DAS RADIO EIN[,] ODER ICH

ESSE ETWAS   HÖRE MIR DIE ERLEBNISSE MEINER

SCHWESTER AN UND LESE GLEICHZEITIG IN EINEM

BUCH   FALLS BEIDES NICHT SPANNEND GENUG IST

WANDERE ICH IM HAUS HERUM   WEIL ICH DANN NICHTS

BESSERES ZU TUN WEISS DIE HAUSAUFGABEN MACHE

ICH STÜCK FÜR STÜCK UND ICH LASSE LANGE PAUSEN

DAZWISCHEN   MANCHMAL LASSE ICH ABSICHTLICH ETWAS

AUS   OBWOHL ICH ES KÖNNTE   IN DER SCHULE HABE ICH

NÄMLICH IMMER NOCH GENÜGEND ZEIT   DAS DANN ABZUSCHREIBEN

4. *Setze* das *oder* dass *ein.*

Am Montag vor Weihnachten fand ______ letzte Punktspiel unseres Tischtennisvereins statt. Unser Team wusste, ______ es ums Ganze ging. Jan hatte ______ Maskottchen mitgenommen, ______ uns bisher immer Glück gebracht hatte. Um 17 Uhr begann ______ entscheidende Spiel im Doppel. Es wurde ______ spannendste Match des Jahres. Und: Nach drei Sätzen war der Sieg unser! ______ war ______ schönste Geschenk, ______ man uns zu Weihnachten machen konnte!

TEST – WAS HABE ICH GELERNT?

5. *Ergänze die Tabelle.*

Verbform – (Grundform)	Zeitform	Zahl	Person	Geschlecht
er lebte (leben)	Präteritum	Singular	3. Person	männlich
es gibt ( )	Pr			sächlich
es wird geben ( )				
sie haben genannt ( )		Plural		
er hatte verlassen ( )			3. Person	
sie wurde gesehen ( )	Pr			weiblich

6. *Streiche die Adjektive durch, die sich normalerweise nicht steigern lassen. Setze dann in die Lücken richtig ein.*

~~haushoch~~, glatt, blind, spiegelglatt, zahnlos, steinreich, arm, strohdumm, kinderlos, uralt, weit, sechseckig, schwer, spindeldürr, dick, klug, dumm, federleicht, nagelneu, nackt, ledig, bildhübsch, viel, wörtlich, nah, wunderschön, gut, lebendig, zentnerschwer

haushoch ist höher als hoch; glatter als ______ ist spiegelglatt; steinreich ist ______ als reich; ______ als dumm ist schon ______; uralt ist ______ als ______; zentnerschwer ist ______ als schwer; ______ als dürr ist ______; f______ ist ______ als leicht, neuer als ______ ist ______, bildhübsch ist ______ als ______

7. *Beantworte schriftlich.*

Nenne die wichtigsten drei Satzglieder.

______

Wie erfragt man das Dativ-Objekt, wie das Akkusativ-Objekt?

______

Schreibe die Bezeichnungen (Namen) von drei adverbialen Bestimmungen auf.

______

______

Welche Zeichen können am Ende eines Hauptsatzes stehen?

______

Wodurch werden Hauptsatz und Nebensatz (Gliedsatz) immer voneinander getrennt?

______

8. *Ergänze:*

In der Erlebniserzählung wird zum Erzählen die ______-Form oder die ______-Form bzw. die ______-Form gebraucht.

9. *Wozu wechselt man in der Erlebniserzählung vom Präteritum plötzlich ins Präsens? Und wozu dient die wörtliche Rede?*

10. *Was gehört zum Erzählanfang?*

11. *Nenne 3 rein sachliche Textformen (auch: Aufsatzformen).*

12. *Denke an einen Unfallbericht. – Welche Fragen sind an den Bericht zu stellen?*

Einleitung:
- zu den Personen
- zum Ort
- zur Zeit
- zum Geschehen

Hauptteil:
- zum Ablauf

Schluss:
- zu den Folgen

BEWERTUNG

0 – 5	FEHLER:	SEHR GUT
6 – 9	FEHLER:	GUT
10 – 14	FEHLER:	BEFRIEDIGEND
15 – 18	FEHLER:	AUSREICHEND
ÜBER 18	FEHLER:	DU MUSST NOCH ÜBEN!

Erfolgreich Diktate üben und berichtigen

Rechtschreibung, Zeichensetzung und Diktate gehören in der Schule nun mal zusammen. Und damit sind leider auch Zensuren verbunden.
Keiner ist perfekt in Rechtschreibung. Wenn man damit allerdings Probleme hat oder vorbeugen will, kann man drei Dinge tun:

Abschreiben üben

Abschreiben ist gut und hilft, sich schwierige Wörter einzuprägen. Such dir also einen kurzen Text, zum Beispiel aus diesem Buch, und gehe so vor:

- Lies den Text zweimal laut oder leise durch.
- Unterstreiche schwierige Wörter mit dem Lineal.
- Lies den ersten Satz noch einmal langsam und genau. Ist er zu lang, teile ihn durch Striche auf.
- Decke einen Teil oder den ganzen Satz mit einem Blatt ab. Schreibe ihn dann auswendig auf gutes Papier mit Linien.
- Gehe so Satz für Satz weiter vor.
- Vergleiche zum Schluss und berichtige falsch geschriebene Wörter.

Diktat üben

Ein Diktat zu schreiben ist natürlich schwieriger als das Abschreiben. Du brauchst dazu einen Partner. Im Notfall kannst du dir mit dem Kassettenrecorder helfen. Gehe so vor:

- Lies dir den ganzen Text vorher durch. Vielleicht reicht es dir auch schon, wenn ihn der Partner einmal langsam vorliest.
- Dann wird der erste Satz ganz vorgelesen, anschließend in kurzen Abschnitten (Wortgruppen).
- Hast du den Satz aufgeschrieben, lass ihn noch einmal vorlesen und vergleiche.
- Ihr könnt ausmachen, dass der Partner aufpasst und dir bei Fehlern einen Tipp gibt. Zum Beispiel kann er klopfen oder dich anstoßen.
- Zum Schluss wird der gesamte Text noch einmal vorgelesen.
- Dann vergleichst du das Diktat allein oder mit dem Partner. Dabei werden die Fehler gleich berichtigt.

Berichtigung anfertigen

Diktate und ähnliche Übungen solltest du stets genau überprüfen. Sonst kannst du aus deinen Fehlern nicht lernen. Falls etwas zu verbessern ist, dann tu das an Ort und Stelle. Lösche Falsches und ersetze es (killern, radieren, überkleben, durchstreichen).
Bei Klassenarbeiten musst du besondere Berichtigungen anfertigen. Beachte genau, was deine Lehrerin oder dein Lehrer erwartet. Sie kennen dich und wissen, was dir hilft.
Sonst geh so vor:

- Sieh dir das zurückgegebene (korrigierte) Diktat an. Frage, falls du etwas nicht verstehst. Manchmal findest du nur am Rand einen Strich und nicht in der Zeile; dann sollst du den Fehler selbst suchen.
- Prüfe Wörter, die du nicht schreiben kannst, mit dem Wörterbuch nach.
- Schreibe den ersten Satz, in dem Fehler waren, berichtigt auf. Unterstreiche die Fehlerstellen.
- Bilde zu den Fehlerwörtern Ableitungen und suche verwandte Wörter; schreibe sie in Klammern dahinter.
- Bei Zeichensetzungsfehlern musst du immer den ganzen Satz aufschreiben. Wenn du die Regel oder eine Hilfe kennst, setze sie in Klammern dahinter.

Beugungsarten

Deklination

Beugung (Deklination) des **Nomens** und seiner Begleiter

männlich (Maskulinum) im Singular (Einzahl)

1. Fall (Nominativ):	der Computer	Frage: WER? WAS?
2. Fall (Genitiv):	des Computers	Frage: WESSEN?
3. Fall (Dativ):	dem Computer	Frage: WEM?
4. Fall (Akkusativ):	den Computer	Frage: WEN? WAS?

männlich (Maskulinum) im Plural (Mehrzahl)

1. Fall (Nominativ):	die Computer	Frage: WER? WAS?
2. Fall (Genitiv):	der Computer	Frage: WESSEN?
3. Fall (Dativ):	den Computern	Frage: WEM?
4. Fall (Akkusativ):	die Computer	Frage: WEN? WAS?

weiblich (Femininum) im Singular (Einzahl)

1. Fall (Nominativ):	die Maus	Frage: WER? WAS?
2. Fall (Genitiv):	der Maus	Frage: WESSEN?
3. Fall (Dativ):	der Maus	Frage: WEM?
4. Fall (Akkusativ):	die Maus	Frage: WEN? WAS?

weiblich (Femininum) im Plural (Mehrzahl)

1. Fall (Nominativ):	die Mäuse	Frage: WER? WAS?
2. Fall (Genitiv):	der Mäuse	Frage: WESSEN?
3. Fall (Dativ):	den Mäusen	Frage: WEM?
4. Fall (Akkusativ):	die Mäuse	Frage: WEN? WAS?

sächlich (Neutrum) im Singular (Einzahl)

1. Fall (Nominativ):	das Laufwerk	Frage: WER? WAS?
2. Fall (Genitiv):	des Laufwerks	Frage: WESSEN?
3. Fall (Dativ):	dem Laufwerk	Frage: WEM?
4. Fall (Akkusativ):	das Laufwerk	Frage: WEN? WAS?

sächlich (Neutrum) im Plural (Mehrzahl)

1. Fall (Nominativ):	die Laufwerke	Frage: WER? WAS?
2. Fall (Genitiv):	der Laufwerke	Frage: WESSEN?
3. Fall (Dativ):	den Laufwerken	Frage: WEM?
4. Fall (Akkusativ):	die Laufwerke	Frage: WEN? WAS?

Beugungsarten

Deklination
Beugung (Deklination) des Adjektivs (mit Nomen)

(männlich)	**Singular (Einzahl):**	**Plural (Mehrzahl):**
Nominativ:	der schnelle Drucker	die schnellen Drucker
Genitiv:	des schnellen Druckers	der schnellen Drucker
Dativ:	dem schnellen Drucker	den schnellen Druckern
Akkusativ:	den schnellen Drucker	die schnellen Drucker

(weiblich)	**Singular (Einzahl):**	**Plural (Mehrzahl):**
Nominativ:	die silberne DVD	die silbernen DVDs
Genitiv:	der silbernen DVD	der silbernen DVDs
Dativ:	der silbernen DVD	den silbernen DVDs
Akkusativ:	die silberne DVD	die silbernen DVDs

(sächlich)	**Singular (Einzahl):**	**Plural (Mehrzahl):**
Nominativ:	das breite Kabel	die breiten Kabel
Genitiv:	des breiten Kabels	der breiten Kabel
Dativ:	dem breiten Kabel	den breiten Kabeln
Akkusativ:	das breite Kabel	die breiten Kabel

Die Beugung von Nomen, Pronomen, Artikeln und Adjektiven nennt man ***Deklination*** *(dazu: deklinieren).*
Die Beugung des Verbs heißt ***Konjugation*** *(dazu: konjugieren).*

Beispiele im ganzen Satz:

Ein schneller Rechner braucht eine gute Grafikkarte.
Die besten Spiele verursachen auch die verrücktesten Fehler.
Wegen des neuen Joysticks hatte es die besseren Ergebnisse.
Gib dem Unerfahrenen eine faire Chance.

Wenn das Adjektiv im Satz zusammen mit dem Verb sein *als Prädikat (Satzaussage) steht, wird es nicht gebeugt (dekliniert).*

Beispiele im ganzen Satz:

Der Rechner **ist** schnell.
Seine neuen Spiele **sind** toll.
Flache, leichtere Bildschirme **sind** brillant.
Diese DVDs **sind** zerkratzt, die anderen dafür neuwertig.

Beugungsarten

Konjugation

Beugung (Konjugation) des Verbs

Präsens (Gegenwart) – *halten* (Infinitiv)

Person	Zahl	Geschlecht	Verbform
1. Person	Singular		ich halte
2. Person	Singular		du hältst
3. Person	Singular	männlich (Maskulinum)	er hält
3. Person	Singular	weiblich (Femininum)	sie hält
3. Person	Singular	sächlich (Neutrum)	es hält
1. Person	Plural		wir halten
2. Person	Plural		ihr haltet
3. Person	Plural		sie halten

Präteritum (Vergangenheit) – *halten* (Infinitiv)

Person	Zahl	Geschlecht	Verbform
1. Person	Singular		ich hielt
2. Person	Singular		du hieltest
3. Person	Singular	männlich (Maskulinum)	er hielt
3. Person	Singular	weiblich (Femininum)	sie hielt
3. Person	Singular	sächlich (Neutrum)	es hielt
1. Person	Plural		wir hielten
2. Person	Plural		ihr hieltet
3. Person	Plural		sie hielten

Perfekt (vollendete Gegenwart) – *halten* (Infinitiv) – Hilfsverb: *haben*

Person	Zahl	Geschlecht	Verbform
1. Person	Singular		ich habe gehalten
2. Person	Singular		du hast gehalten
3. Person	Singular	männlich (Maskulinum)	er hat gehalten
3. Person	Singular	weiblich (Femininum)	sie hat gehalten
3. Person	Singular	sächlich (Neutrum)	es hat gehalten
1. Person	Plural		wir haben gehalten
2. Person	Plural		ihr habt gehalten
3. Person	Plural		sie haben gehalten

Plusquamperfekt (vollendete Vergangenheit) – *halten* (Infinitiv) – Hilfsverb: *haben*

Person	Zahl	Geschlecht	Verbform
1. Person	Singular		ich hatte gehalten
2. Person	Singular		du hattest gehalten
3. Person	Singular	männlich (Maskulinum)	er hatte gehalten
3. Person	Singular	weiblich (Femininum)	sie hatte gehalten
3. Person	Singular	sächlich (Neutrum)	es hatte gehalten
1. Person	Plural		wir hatten gehalten
2. Person	Plural		ihr hattet gehalten
3. Person	Plural		sie hatten gehalten

Beugungsarten

Konjugation
Beugung (Konjugation) des Verbs

Perfekt (vollendete Gegenwart) – *rennen* (Infinitiv) – Hilfsverb: *sein*

Person	Zahl	Geschlecht	Verbform
1. Person	Singular		ich bin gerannt
2. Person	Singular		du bist gerannt
3. Person	Singular	männlich (Maskulinum)	er ist gerannt
3. Person	Singular	weiblich (Femininum)	sie ist gerannt
3. Person	Singular	sächlich (Neutrum)	es ist gerannt
1. Person	Plural		wir sind gerannt
2. Person	Plural		ihr seid gerannt
3. Person	Plural		sie sind gerannt

Plusquamperfekt (vollendete Vergangenheit) – *rennen* (Infinitiv) – Hilfsverb: *sein*

Person	Zahl	Geschlecht	Verbform
1. Person	Singular		ich war gerannt
2. Person	Singular		du warst gerannt
3. Person	Singular	männlich (Maskulinum)	er war gerannt
3. Person	Singular	weiblich (Femininum)	sie war gerannt
3. Person	Singular	sächlich (Neutrum)	es war gerannt
1. Person	Plural		wir waren gerannt
2. Person	Plural		ihr wart gerannt
3. Person	Plural		sie waren gerannt

Futur I (Zukunft) – *halten* (Infinitiv) – Hilfsverb: *werden*

Person	Zahl	Geschlecht	Verbform
1. Person	Singular		ich werde halten
2. Person	Singular		du wirst halten
3. Person	Singular	männlich (Maskulinum)	er wird halten
3. Person	Singular	weiblich (Femininum)	sie wird halten
3. Person	Singular	sächlich (Neutrum)	es wird halten
1. Person	Plural		wir werden halten
2. Person	Plural		ihr werdet halten
3. Person	Plural		sie werden halten

Futur II (vollendete Zukunft) – *halten* (Infinitiv) – Hilfsverben: *werden + haben*

Person	Zahl	Geschlecht	Verbform
1. Person	Singular		ich werde gehalten haben
2. Person	Singular		du wirst gehalten haben
3. Person	Singular	männlich (Maskulinum)	er wird gehalten haben
3. Person	Singular	weiblich (Femininum)	sie wird gehalten haben
3. Person	Singular	sächlich (Neutrum)	es wird gehalten haben
1. Person	Plural		wir werden gehalten haben
2. Person	Plural		ihr werdet gehalten haben
3. Person	Plural		sie werden gehalten haben

Zeitstufen und Zeitformen

1. Zeitstufen

Es gibt drei Zeitstufen:

		Zukünftiges (später)
	Gegenwärtiges (jetzt, heute)	
Vergangenes (früher)		

2. Zeitformen (Tempusformen)

*Die verschiedenen **Zeitformen** (Tempusformen) braucht man, um ein Geschehen, eine Tätigkeit oder einen Zustand in der Vergangenheit, in der Gegenwart oder in der Zukunft auszudrücken.*

Die 6 Zeitformen sind:

lateinisch	deutsch	Beispiel
Präsens	Gegenwart	sie spielt
Präteritum	Vergangenheit	sie spielte
Perfekt	vollendete Gegenwart	sie hat gespielt – sie ist gerannt
Plusquamperfekt	vollendete Vergangenheit	sie hatte gespielt – sie war gerannt
Futur I	Zukunft	sie wird spielen
Futur II	vollendete Zukunft	sie wird gespielt haben – sie wird gerannt sein

Besonders aufpassen musst du bei der Beugung der Verben *haben* ...

Person	Präsens	Präteri-tum	Perfekt	Plusquam-perfekt	Futur I	Futur II
ich	habe	hatte	habe gehabt	hatte gehabt	werde haben	werde ge-habt haben
du	hast	hattest	hast gehabt	hattest geh.	wirst haben	wirst g. h.
er/sie/es	hat	hatte	hat gehabt	hatte gehabt	wird haben	wird gehabt haben
wir	haben	hatten	haben geh.	hatten geh.	werden h.	werden g. h.
ihr	habt	hattet	habt gehabt	hattet geh.	werdet h.	werdet g. h.
sie	haben	hatten	haben geh.	hatten geh.	werden h.	werden g. h.

... und *sein:*

Person	Präsens	Präteri-tum	Perfekt	Plusquam-perfekt	Futur I	Futur II
ich	bin	war	bin gewesen	war gewesen	werde sein	werde gewe-sen sein
du	bist	warst	bist gewesen	warst gew.	wirst sein	wirst gew. s.
er/sie/es	ist	war	ist gewesen	war gewesen	wird sein	wird gewe-sen sein
wir	sind	waren	sind gew.	waren gew.	werden sein	werden g. s.
ihr	seid	wart	seid gew.	wart gew.	werdet sein	werdet g. s.
sie	sind	waren	sind gew.	waren gew.	werden sein	werden g. s.

Satzglieder

Ein Satz besteht aus Satzgliedern. Diese bestehen aus Wortgruppen oder einzelnen Wörtern.

Ganzer Satz:

Der kleine Hund steht vor der Tür.

In Satzglieder aufgeteilt:

Der kleine Hund	steht	vor der Tür.

In einzelnen Wörtern:

Der	kleine	Hund	steht	vor	der	Tür.

Bestimmung der verschiedenen Satzglieder:

Der kleine Hund	steht	vor der Tür.
↓	↓	↓
Subjekt	Prädikat	Umstandsbestimmung des Ortes
WER? WAS?	WAS GESCHIEHT?	WO? WOHER? WOHIN?

Er	bringt	mir	die Zeitung.
↓	↓	↓	↓
Subjekt WER? WAS?	Prädikat WAS GESCHIEHT?	Dativ-Objekt WEM?	Akkusativ-Objekt WEN? WAS?

Er	bringt	mir	jeden Morgen	die Zeitung.
			↓	
			Umstandsbestimmung der Zeit WANN? SEIT WANN? WIE LANGE?	

Er	bringt	mir	die Zeitung	aus Gewohnheit.
				↓
				Umstandsbestimmung des Grundes WARUM? WESHALB? WOZU?

Wie unterscheidet man Hauptsatz und Nebensatz (Gliedsatz)?
Merkmale des Hauptsatzes:
Er hat mindestens Subjekt (Satzgegenstand) und Prädikat (Satzaussage).
Merkmale des Nebensatzes (Gliedsatzes):
Der Nebensatz hat ebenfalls Subjekt und Prädikat. Aber er lehnt sich an den Hauptsatz an, er kann nicht allein stehen. Meist ist er erkennbar an Bindewörtern wie diesen: weil, als, nachdem, damit, falls, obgleich, obwohl, dass, sodass *usw. Und das gebeugte (veränderte) Verb steht fast immer am Ende.*

Grammatische Proben

Es gibt verschiedene Proben, die einem helfen, Satzglieder genau zu bestimmen.

Umstellprobe *(Verschiebeprobe)*
Eine zusammengehörende Wortgruppe (oder nur ein einzelnes Wort) ist ein Satzglied, wenn es sich als Block umstellen lässt. Der Inhalt des Satzes darf sich dadurch nicht verändern.
Das Prädikat (Satzaussage) bleibt dabei immer an derselben Stelle.

Subjekt	Prädikat	Umst.-Best.	Objekt
Der Hund	braucht	jeden Tag	frisches Wasser.

Umst.-Best.	Prädikat	Subjekt	Objekt
Jeden Tag	braucht	der Hund	frisches Wasser.

Objekt	Prädikat	Subjekt	Umst.-Best.
Frisches Wasser	braucht	der Hund	jeden Tag.

Ersatzprobe *(Austauschprobe)*
Wenn man alle Wörter eines Satzgliedes durch passende andere ersetzen kann, gehören diese zur ***gleichen Satzgliedart.***
Also: Subjekt für Subjekt, Prädikat für Prädikat usw.

Der Hund	braucht	jeden Tag	frisches Wasser.
↕			
Die Katze	braucht	jeden Tag	frisches Wasser.
	↕		
Der Hund	säuft	jeden Tag	frisches Wasser.
		↕	
Der Hund	braucht	täglich	frisches Wasser.
			↕
Der Hund	braucht	jeden Tag	Futter.

LÖSUNGEN

Lösungen zu Seite 6

1. Der Text in der richtigen Schreibweise:
   Heute Vormittag in der Schule
   Ich war heute schon sehr früh in der Schule. Dann kam Maria. Sie hatte eine neue Frisur. Darüber musste ich sehr lachen. Aber das fand meine Lehrerin nicht schön. Da habe ich noch lauter gelacht. „Das findest du wohl auch noch lustig, was?“, sagte sie ärgerlich. – In der Pause bin ich zu den Großen in die Raucherecke gegangen. Dort haben Oliver und ich uns einen Streich für den Nachmittag ausgedacht. – In der Kunststunde hat Oliver Marias linkes Ohr blau angemalt. Da hat sie seinen Diskman versteckt. Und Herr Bär hat beiden eine saftige Strafarbeit verpasst. – Bei Frau Hoffmann habe ich in der Musikstunde noch falscher gesungen als die anderen. „Geh bitte“, sagte sie da, „vor die Tür und warte dort!“ – In Deutsch haben Oliver und ich die neuen Blasrohre ausprobiert. Fast hätte uns Frau Schulz erwischt. Aber wir waren schneller. Und in Marias Trinkflasche habe ich mit der Bastelschere noch ein kleines Loch geschnitten. Die wird sich wundern. – Heute Vormittag habe ich also viel Schönes erlebt.

Lösungen zu Seite 7

2. sechsundsechzig, längs, schrecklich, Familie, interessante, Fahrrad, Schule, gefährliche, Kreuzung, rostiger, heute, Unterricht, nach Hause, kürzeste, Bus, bisschen, Grieß
3. aktiv – Shopping – Poster – Team – Star – Container – kapieren – Ventil – Asphalt – Veranda – kopieren – passiv – Lift
4. **Im Kunstunterricht**
   Während der Kunststunde am Donnerstag haben wir Holzmaserungen gezeichnet. Nach einiger Zeit sagte Frau Wolf, dass wir auch mal aufstehen, herumgehen und uns die Bilder der anderen ansehen dürften. – Ich war gerade unterwegs[,] und Sascha ging hinter mir her. Als Frau Wolf gerade nicht hersah, nahm ich einen Bleistift und malte ein bisschen in anderen Bildern herum. Na ja, dann kam es irgendwie auch dazu, dass wir ein paar Stifte, Anspitzer, Radiergummis und Federmappen von Tisch zu Tisch verschleppten. Und das bemerkte zunächst auch keiner. Später, nachdem wir uns schon lange wieder hingesetzt hatten, wurden einige unruhig. Sie beschwerten sich darüber, dass ihnen verschiedene Zeichensachen fehlten. Johanna fand das gar nicht lustig. Sie hatte wohl gesehen, dass wir unser Spielchen getrieben hatten. Deshalb verpetzte sie uns. Dabei hatten wir sämtliches Material, das auf ihrem Tisch lag, nicht angerührt. Denn wir wissen schon lange, dass Johanna keinen Spaß versteht. – Frau Wolf übrigens auch nicht[,] und deshalb mussten Sascha und ich aufschreiben, wie alles geschehen war.

Lösungen zu Seite 8

5. durchgestrichen werden müssen: messen, wegen, Holland, gestern, zwei, dieser, weit, das
   Die jeweilige Wortart, zu der die übrigen Wörter der Reihe gehören, ist: Nomen, Verb, Adjektiv, Personalpronomen, Artikel, Präposition, Konjunktion, Adverb
6. die Nachteule (Nominativ, Singular, weiblich/Femininum); der Nachteule (Genitiv, ...); den Nachteulen (Dativ, Plural, weiblich/...); die Nachteulen (Akkusativ, Plural, weiblich/...)
7. Präsens: (wir) freuen uns, (jeder) weiß, (man) spritzt, (wir) ändern – Präteritum: (sie) waren, (sie) sammelten ab, (sie) blieben übrig – Perfekt: (sie) haben durchgemacht, (sie) haben angerichtet, (sie) haben (sich) spezialisiert – Plusquamperfekt: (es) war geschehen – Futur 1: (es) wird geben, (sie) werden (uns) erhalten bleiben

Lösungen zu Seite 9 (Fortsetzung: Seite 115)

8. **Bewegung mit dem Hund**
   Hunde sind Lauftiere. Sie brauchen deshalb viel Bewegung.
   Aber auch Frauchen und Herrchen sollten möglichst viel gehen und laufen. Joggen wäre für beide ideal. – Die Partner sollten allerdings langsam anfangen. Später darf das Tempo dann allmählich gesteigert werden. – Hunde besitzen keine Schweißdrüsen. Sie regulieren ihre Körpertemperatur über das Hecheln mit der Zunge. –
9. Deshalb soll man Pausen einlegen und dem Hund eventuell zwischendurch Wasser geben. – Benutzt man während des Joggens keine Leine, muss der vierbeinige Partner gut parieren. Er hat dem Menschen aufs Wort zu folgen. Der Hund darf weder andere Tiere bedrohen, noch dürfen sie ihm gefährlich werden. Dann ist es sogar auch möglich, seinen Begleiter neben dem Fahrrad laufen zu lassen. –
10. Sollte es draußen zu warm sein, kannst du ja mit deinem Hund an einen Kiessee laufen. Die meisten Tiere gehen in der warmen Jahreszeit gern ins Wasser! Und Schwimmen kräftigt die Muskeln. Achte aber darauf, dass die anderen Leute nicht unnötig gestört werden.

Lösungen zu Seite 9 (Fortsetzung von Seite 114)

11. In der Erlebniserzählung helfen besonders aussagekräftige Verben und beschreibende Adjektive. (Natürlich müssen die verwendeten Nomen auch treffend sein.)
12. Die schriftliche Anleitung (Rezept, technische Anleitung, Spielanleitung, Bastelanleitung, Gebrauchsanleitung usw.) soll einen Vorgang so genau beschreiben, dass man ihn ohne weitere Hilfe selbst nachmachen kann. Dabei werden alle notwendigen Teile und evtl. Werkzeuge genannt. (Manche Anleitungen bestehen heute nur oder überwiegend aus Bildern.)
13. Der Bericht:
    Mit dem Bericht will man jemanden ~~unterhalten~~/informieren. Es kommt auf ~~Gedanken und Gefühle~~/sachliche Einzelheiten an. ~~Empfindungen und möglichst viel wörtliche Rede sind wichtig.~~ Eigene Gedanken spielen im Bericht keine Rolle. Als Zeitform verwendet man meist ~~das Futur~~/das Präteritum.

Lösungen zu Seite 11

1. **Die Zwerge der Urzeit**
   Die heutigen Lebewesen der Erde stammen von Vorfahren ab, die nur aus einer einzigen Zelle bestanden. Alle Tiere, Pflanzen und Menschen gehen also auf Einzeller zurück.
   Es dauerte viele Millionen Jahre, bis sich alles so entwickelt hatte, wie wir es jetzt kennen.
   Das Tolle daran aber ist, dass es die Einzeller heute noch gibt. Die meisten anderen Lebewesen dazwischen, zum Beispiel die Saurier, existieren dagegen schon lange nicht mehr.
2. **Die Riesen der Urzeit**
   Wenn man heute von Sauriern spricht, dann denken die meisten Menschen an die riesigen Dinosaurier. Sie lebten auf dem Festland. Viele dieser Tiere konnten schwimmen und hielten sich hauptsächlich in Seen oder Sümpfen auf. Im oder am Meer kamen sie offenbar nie vor. Sie sind auch nicht zwischen Festland und Meer entstanden.
   Die meisten Dinosaurier hatten vier stämmige Beine. Tragen mussten diese einen massigen Körper. Es gab Vertreter unter ihnen mit Hornplatten, Stacheln oder langen Kopfhörnern.
   Daneben existierten aber auch Zweibeiner mit kurzen Armen. Ernährt haben sollen sie sich sowohl von Pflanzen wie auch von Aas und erbeutetem Fleisch. Dagegen waren die vierfüßigen Saurier fast alle friedliche Pflanzenfresser oder Allesfresser.

Lösungen zu Seite 12

1. Am, Tag, Ferien, Halle. Unsere, Eltern. Zuerst, Flötengruppe, vorgespielt. Dann, Klasse. Die, Schulleiterin, Rede. Danach, zusammen, Lied. – Bis, fröhlich, aber, traurig. Frau, unsere, Klassenlehrerin, Arm. geweint, Mutter. mir, komisch. – Dann, Ferien. In, Zeit, Schule, vergessen. Nur, letzten, Tag. Ich, Sachen, Wecker, stellen.
2. der Schultag, die Grundschule, der Tag, die Ferien, die Halle, die Eltern, die Flötengruppe, die Klasse, die Schulleiterin, die Rede, das Lied, die Frau, die Klassenlehrerin, der Arm, die Mutter, der Mut, die Zeit, die Schule, der Tag, die Sachen (die Sache), der Wecker

Lösungen zu Seite 13

1. Nomen waagerecht und senkrecht:
   Trennung, Trockenheit, Ei, Opi, Eitelkeit, Übelkeit, Hindernis, Reichtum, Feindschaft; Reinheit, See, Erlebnis, Irrtum, Erbschaft, Richtung, Tuba, Bai
   weitere Wörter waagerecht und senkrecht: ab, er, ist, sah; in, mir, seh, wir, her, das; Ria (weiblicher Vorname)
   Wörter diagonal: Ritt (ritt), den, Ems, mag
   usw.
2. die Trennung, die Richtung; die Trockenheit, die Reinheit; die Eitelkeit, die Übelkeit, die Feindschaft, die Erbschaft; der Reichtum, der Irrtum; das Hindernis, das Erlebnis; der Mechanismus; das Schicksal;
   das Häufchen/Häuflein

Lösungen zu Seite 14 (Fortsetzung: Seite 116)

1. erzählte, beim Schwimmen, beim Abschiednehmen –
   redete, beim Quatschen, ermahnte, nahm, lag –
   zum Zukleben, zukleben, das Schweigen –
   ans Kleben, musste, guckte, das Lachen –
   ans Abnehmen, zum Zerschneiden

LÖSUNGEN

Lösungen zu Seite 14 (Fortsetzung von Seite 115)

2. zum Sehen – zu dem Sehen (das Sehen); vom Laufen – von dem Laufen (das Laufen);
zum Lesen – zu dem Lesen (das Lesen); beim Atmen – bei dem Atmen (das Atmen);
zum Essen – zu dem Essen; beim Hören – bei dem Hören;
am Bellen – an dem Bellen; im Gehen – in dem Gehen;
am Wedeln – an dem Wedeln; im Fahren – in dem Fahren;
ans Einkaufen – an das Einkaufen; ins Stolpern – in das Stolpern;
ans Reden – an das Reden; ins Rollen – in das Rollen;
vom Üben – von dem Üben; vom Spielen – von dem Spielen
ins Grübeln – in das Grübeln; zum Lachen – zu dem Lachen

Lösungen zu Seite 15

1. regnerischen ④, besten ④, störte ③, Spielen ①, Glücklichste ②, mitspielen ③, Reagieren ①, Anklicken ①, gut ④, kommt ③, Üben ①, stolz ④, kleine ④, Computer-Spielen ①, Größte ②

Lösungen zu Seite 16

1. heimgehen – Wir gehen gleich heim. – das Heim
teilnehmen – Jasmin nahm an der AG teil. – der/das Teil
standhalten – Martin hielt dem Druck gut stand. – der Stand
irreführen – Dieser Weg führt in die Irre. – die Irre
wettmachen – Du machst den Fehler sicherlich wieder wett. – die Wette
trotz – Wir kommen euch trotz des schlechten Wetters besuchen. – der Trotz
zeit – Du wirst zeit deines Lebens froh darüber sein. – die Zeit
dank – Und dank deiner Hilfe haben wir es geschafft. – der Dank
kraft – Er hat es kraft seines Amtes so entschieden. – die Kraft
2. **Peinliche Fragen**
„Warum hast du schon wieder keine Hausaufgaben?“
„Entschuldigen Sie, aber ich habe Ihnen doch gestern schon gesagt, dass ich das nicht verstanden habe.“
„Und ihr beide? Dasselbe?“
„Ich hatte sie gemacht, aber dann hat sie mein Hund zerfetzt.“ – „Und ich hatte mein Heft bei ihr vergessen. Das hat auch ihr Hund zerfetzt.“
„Und was ist deine Entschuldigung heute?“
„Ich habe mich mit meinem Freund gestritten. Glauben Sie mir, ich war so aufgeregt, dass ich Ihren Aufgabenzettel ganz vergessen habe.“

Lösungen zu Seite 17

1. letzten, Schulstunde, mehr; muss, schon, Nachmittag; verbringen, Freundin, paar.
Lieblinge; vier, Jahre; Wir, pflegen; schönem, Bahnen; führen, Grazielle, Wotan, Wiese, sie, Bewegung.
Dienstag, Donnerstag, Zeit; Schwimmtraining, muss, ihrer, Laden.

Lösungen zu Seite 18

1. Bahnschiene, unbezahlbar, Stacheldraht, auswählen, Berghöhle, lebendig, bärenstark, Frühnebel, Rotkohl, befehlen, hundemüde, Blumenkübel, nahrhaft, schwerelos, Uhrturm, lieblos, herrlich, Vielfraß, rötlich

Lösungen zu Seite 19

1. Sie sangen ein Lied. – Ihr Augenlid hatte sich entzündet. – Gute Miene zu bösem Spiel machen. – Wer hat eine Bleistiftmine für mich? – Ihr dürft wiederkommen! – Widersprich mir nicht immer! – Der Besenstiel ist abgebrochen. – Anna hat einen tollen Schwimmstil! – Erst liest du in der Fibel, dann in der Bibel. – Der Igel trank einen halben Liter Wasser. – Dieser Tiger ist gefährlich. – Die Primel ist eine Blume. – Vom Meer weht eine kühle Brise her. – Er verkroch sich in eine Nische.
2. Haar, Speer, Moor, Paar, Tee, Zoo, paar, leere ... aus, moosbedeckt

Lösungen zu Seite 20

1. Altsteinzeit, lebten, Jäger; schützten, Wind, Zweige, Felswänden; Herstellung, Werkzeug, man, Knochen, Holz; Erlegte, vollständig, verwertet; gegessen; benutzten, Steinzeitmenschen, tagtäglichen, Bedürfnisse
2. rund, d/t, abrunden, die Rundung; er wiegt, g/k, wiegen, die Waage; sie lobte, b/p, loben, die Verlobung; das Rad, d/t, die Räder, radeln; wirklich, g/k, wirken, die Wirkung; taub, b/p, betäuben, taube Ohren; der Rat, d/t, raten, die Beratung; abgenagt, g/k, nagen, das Nagetier; lieb, b/p, lieben, die Liebe; die Schuld, d/t, schuldig, verschulden; lustig, g/k, lustige Kinder, die Belustigung; der Typ, b/p, typisch, die Typen; wertvoll, d/t, bewerten, die Werte

Lösungen zu Seite 21

1. Berichtigte Wörter:
   das Volk, hatten, Götter, Mitteleuropa, trieben, bewaffnet, Römer, Germanen, Grenze, errichtet, Wall, sollten, konnten, immer, Schluss, Feldherren
2. zuerst, Rohmetallvorrat, Schmuck; eigentliches, seltener, denn, Wesentlichen, Tauschhandel.
   schätzten, Geldstücke; römischer, Geschichtsschreiber; wissen, dass, benutzten, Goldstücke; meist.

Lösungen zu Seite 22

1. Wörter mit f:
   fallen, fertig, gefehlt, fiel, Feile, Beruf, frei, auf, Neffe, für
   Wörter mit v:
   Vater, voll, Vogel, viel, vor, vielleicht, Veilchen, vier, Nerv, von
   Wörter mit pf:
   Pfanne, empfehlen, Pfund, dampfen, Pfeile, Pfirsich, pflügen, Pfingsten, Pfau, pfui

Lösungen zu Seite 23

1. Wörter mit x:
   Taxi, boxen, Praxis, Nixe, extra, mixen, Axt, Lexikon
   Wörter mit chs:
   Fuchs, Ochse, Büchse, deichseln, Wachs, Eidechse, sechs, wechseln
   Wörter mit gs:
   werktags, Rettungsboot, unterwegs, mittags, geradewegs, anfangs, neuerdings, ringsherum
   Wörter mit ks:
   links, schlaksig, Murks,Keks, Volkswagen, die Tanks, halblinks, Koks, Schlaks
   Wörter mit cks:
   Knicks, Klacks, Klecks, zwecks, Kuckucksuhr, schnurstracks, klecksen, mucksmäuschenstill
2. Miez und Mauz, die Katzen, putzen ihre Tatzen. – Der Metzger wetzt das Metzgermesser mit dem Wetzstein. – Die Katzen kratzen im Katzenkasten. – Vier dicke Nichten dichteten im Fichtendickicht. – Spitze und Pudel trinken spritzenden Sprudel. – Der Potsdamer Postkutscher putzt die Potsdamer Postkutsche blitzblank.

Lösungen zu Seite 24

1. großen, Pause, draußen, müssen, hast, selbst ausprobiert. – so, seinem, Klassen, meist, Großen; uns; diese, sollte, Riesenbogen, zusammen, Aufsicht, gefasst. – Adventszeit, fast, Klassen, Reisig, Wachskerzen; lassen, uns, hinreißen, bisschen; Bisher, das; es, Spaß, sich, lassen, sollte.
2. hausen, sausen, brausen, zausen, lausen, mausen, schmausen; reisen, speisen, Eisen, bereisen, vereisen, verreisen, beweisen; gießen, fließen, schießen, spießen, schließen, sprießen, genießen; reißen, beißen, heißen, schweißen, weißen, abreißen, schmeißen
3. in den meisten Fällen kann man sowohl die Verkleinerungsendung -chen wie auch -lein verwenden:
   die Nase – das Näschen, die Tasse – das Tässchen, der Hase – das Häschen, die Straße – das Sträßchen, das Haus – das Häuschen, die Gasse, das Gässchen, die Maus – das Mäuschen, der Strauß – das Sträußchen, die Rose – das Röslein, das Ross – das Rösslein

Lösungen zu Seite 25

1. abendliche, Sendung, Musik-Gruppen; völlig, weg; schließlich, eingeblendet.
   ungewöhnliche; fröhlich, wahnsinnig, einmalig; ehrgeiziger, Mögliche, natürlich; Geburtstag; glücklich.
   einseitig; mag; unterschiedlichen; schlank, mollig; altersmäßig, erheblich.
   ehrlich, völlig; unglaublichen, ungewöhnliche; schrecklich; Schlagzeug, flippig.
   wahnsinnig, Veranstaltung.

Lösungen zu Seite 26

1. Autobahn, Wasserglas, Salatschüssel, Bergbahnstation, Kleiderbügelhaken, Damenhandschuh, hundertdreiunddreißig, tausenddreihundertvier, Siebenmeilenstiefel
2. abbeißen – Jan beißt sich ein Stück Schokolade ab. anziehen – Zieh doch das rote T-Shirt an. dafürstimmen – Stimmst du auch wieder dafür? – drinbleiben – Bleib doch bitte drin! – hinablaufen – Alle laufen den Hügel hinab zum Bach. – vorhersagen – Ich sage dir das vorher.
3. Einige Beispiele (Tipp: Schlage im Wörterbuch nach!):
   hinaus-: hinausgehen, hinauswerfen, hinausgeweht, hinausbringen, der Hinauswurf
   runter-: runterfallen, runterfliegen, runterlassen, runterschlucken, runterrutschen
   weg-: wegwerfen, weggucken, weglassen, wegnehmen, der Wegfall, die Wegnahme, das Wegstreichen
   vor-: vorsprechen, vorgehen, vormachen, vorsorglich, vorsichtig, vorweg, Vorsorge, Vorzug, Vorwäsche
   ab-: abziehen, abreiben, abgegeben, abzüglich, abgesehen von, abnehmend, Abzweig, Abstand

Lösungen zu Seite 27

2. wurden ... irre, ging bankrott, Leid ... tun, stand ... kopf, nahm ... teil
3. Handschuhe, wiedergefunden, freudestrahlend, frohlocken, heimfahren, Schulbus, schwarzfahren, schlafwandeln, vollenden

Lösungen zu Seite 28

1. Die Fremdwörter erklärt man hier am besten so:
   global = alle Länder betreffende, Zentralort = Ort im Mittelpunkt, Chance = Gelegenheit, Region = Gegend, Ideen = Einfälle, Aktionen = Handlungen, Vorführungen, Projekte = größere Vorhaben, präsentieren = vorstellen, darbieten, positiv = zustimmend, kritisch = nachdenklich, negativ = ablehnend, formuliert = drückt aus, integriert = einbezogen, speziell = besonders, optimale = beste
2. Nation, Nominativ, total, Union, genial, Sensation, Detektiv, ideal, Aktion, aggressiv, Personal, Multiplikation, kopieren

Lösungen zu Seite 29

1. Olivers Mappe ist hinter der Tafel versteckt.
3. Him-beer-tor-te, Ele-fant, Klas-sen-raum, Haus-auf-ga-ben-heft, Fahr-rad-ket-te, Klin-gel, an-spit-zen, ver-kau-fen (ver-wer-fen), ab-rei-ßen, Weih-nach-ten, He-xen-knus-per-häus-chen, Zu-cker-wat-te, Don-ners-tag-mittag, Fens-ter-putz-mit-tel, Was-ser-ni-xe,
4. Spar-gel-der, Alt-bau-er-hal-tung, be-in-hal-ten, Blut-egel, Dru-cker-zeug-nis, Druck-er-zeug-nis
5. hi-nauf und hin-auf, wa-rum und war-um, he-ran und her-an, vo-raus und vor-aus, in-te-res-sant und in-ter-es-sant, Helikop-ter

Lösungen zu Seite 30

1. ... der Rechner, der Monitor, die Tastatur, die Maus und der Drucker. – Messer, spitze Scheren, Feuerwerkskörper sowie andere gefährliche Gegenstände dürfen ... – ... einen Vogel, einen Käfig, Vogelfutter oder einen CD-Spieler, ein paar Kopfhörer und drei CDs. – Draußen donnert, hagelt und stürmt es.

Lösungen zu Seite 31 (Fortsetzung: Seite 119)

1. Er trat aus dem Zelt. Ein paar Wolken waren zu sehen, sonst war der Himmel blau.
   Gestern hatte es ein Gewitter gegeben. Heute würde es trocken und sehr heiß werden. Die Pferde scharrten mit den Hufen, sie wollten bewegt werden.
   Da erregte etwas seine Aufmerksamkeit. Am Horizont war ein auffälliger Punkt zu sehen. Aus dem Punkt wurde ein bewegter Schatten, und der Schatten wuchs zu einem Reiter heran.
   Er hatte also Wort gehalten. Auf ihn war Verlass. Der Freund war gekommen, und es konnte losgehen.

Lösungen zu Seite 31 (Fortsetzung von Seite 118)

2. Der Reiter kam immer näher. Jetzt konnte man ihn erkennen. Das Gesicht war braun, ein leichter Bart hatte die Wangen bedeckt, aber die Augen blitzten unter dem Hut wie eh und je.
   Sie brauchten keine Begrüßungsworte, ein Handschlag genügte. Der eine war ausgeruht, der andere fühlte sich matt. Er war hungrig, und vor allem hatte er einen riesigen Durst.
   Vierundzwanzig Stunden im Sattel waren hart. Er hatte sich jetzt Ruhe verdient. Aber morgen früh würde es losgehen, das hatten sie sich geschworen.
   Er wusch sich, und der Freund kümmerte sich um das Pferd.

Lösungen zu Seite 32

1. Früh am Morgen stand er auf, weil er keine Zeit verlieren wollte. Der Freund war auch schon wach, obwohl er am Tag zuvor lange geritten war.
   Er wusch sich, während der andere Kaffee kochte. Es gab ein kräftiges Frühstück, damit sie diesen Tag gut durchhalten würden.
   Nach dem Frühstück brachen sie auf. Vorneweg ritt der Ältere. Dahinter trottete das bepackte Maultier, und dann folgte der Freund, weil er sich hier nicht auskannte.
   Vier Stunden lang zog die kleine Karawane dahin. Dann legten sie an einem Bachlauf eine Pause ein, damit die Tiere getränkt werden konnten. Darauf ging es gleich weiter, denn das erste Tagesziel war noch weit.
   Hier ahnten sie noch nicht, dass sie es nicht erreichen würden ...

Lösungen zu Seite 33

1. **Was mir nicht gefällt**
   Mich stört das frühe Aufstehen am Morgen. Auch finde ich nicht gut, dass der Schulbus immer so voll ist, dass die großen Schüler uns nicht auf die Sitzplätze lassen und dass alle so fürchterlich drängeln. Aber ich glaube, das wird sich so schnell nicht ändern. Und da gibt es noch etwas, das mich nervt. Das ist nämlich das ständige Palaver, das unsere Jungs um ihre Fußball-Clubs veranstalten.
2. **Was mir nicht gefällt**
   Mich stört, dass ich am Morgen so früh aufstehen muss. Auch finde ich das Drängeln der großen Schüler im Schulbus nicht gut, dass sie uns nicht auf die Sitzplätze lassen und dass der Bus immer so voll ist. Aber ich glaube, dass sich das nicht so schnell ändern wird. Und da gibt es noch etwas, das mich nervt. Dass nämlich unsere Jungs das ständige Palavern um ihre Fußball-Clubs nicht sein lassen können.

Lösungen zu Seite 34

1. **Am Telefon**
   Julia und Kathrin sind an verschiedenen Schulen gelandet. Am Telefon erzählen sie sich von ihren neuesten Erlebnissen.
   Julia fragt: „Gibt es bei euch denn jemanden, den ich auch kenne?“ – „An den Tobias müsstest du dich eigentlich noch erinnern. Ihr beide wart zusammen in der 4. Klasse.“ – „Meinst du“, fragt Julia, „den Tobias, der immer von den Mädchen Prügel kriegte?“ – „Ja, der ist es!“, ruft Kathrin lachend in den Hörer. „Aber den erkennst du nicht mehr wieder. Der hat sich völlig verändert. Er ist groß und kräftig geworden und eigentlich ein prima Kerl.“ – „Höre ich da etwa ein bisschen Bewunderung heraus?“, fragt Julia. – „Um Gottes willen“, antwortet Kathrin schnell. „Das fehlte mir noch.“
   Sie ist froh, dass Julia nicht sieht, wie sie ein wenig rot geworden ist.
   „Kathrin, bist du noch dran?“ – „Na klar. Was gibt’s sonst Neues?“ – „Einen renovierten Klassenraum“, erzählt Julia, „haben wir jetzt endlich bekommen. Aber eine Wand ist schon wieder voller Fußball-Poster. Und darüber streiten sich ständig die Fans der beiden großen Vereine.“ – „Das kenne ich“, stimmt Kathrin bei. – „Noch eine tolle Neuigkeit“, berichtet Julia weiter, „muss ich dir erzählen. Gleich hinter unserem Schulgebäude befindet sich eine Reithalle. Und demnächst machen wir eine Projekt-Woche. Rate mal, bei welchem Projekt ich mitmache.“ – „Beim Reiten etwa?“ – „Ja, ist das nicht toll? Unsere Lehrerin und ein Vater haben das organisiert.“ – „Julia, ich komm zu euch an die Schule, wenn ich das höre!“, ruft Kathrin ganz aufgeregt. – „Geht ja leider nicht, Kathrin. Aber besuch mich doch mal!“

Lösungen zu Seite 36

1. **Sabrinas Mütze ist weg**
   Seit der großen Pause ist Sabrinas Mütze weg. Sie schreibt dazu den folgenden Bericht:
   Wir haben uns auf dem Schulhof mit den Jungen ein bisschen gekabbelt. Dabei habe ich Bastian gegen Benny geschubst. Der ist beinahe umgefallen und hat mir deshalb meine neue Mütze vom Kopf gerissen. Dann hat Wiebke sie erwischt und wollte sie mir wiedergeben. Aber das wollte ich nicht. Benny sollte die Mütze nehmen und sie mir gefälligst in die Hand geben. Da hat Wiebke die Mütze fallen gelassen. Und plötzlich klingelte es, und alle stürmten zur großen Glastür. Seitdem ist meine schöne neue Mütze weg!
2. **Verhalten als Fahrradfahrer**
   Sobald du dein Fahrrad schiebst, hast du am Zebrastreifen Vorrang wie ein Fußgänger. Für den fahrenden Fahrradfahrer gilt das jedoch nicht. Deshalb ist es immer besser und sicherer abzusteigen, sodass der fließende Verkehr warten muss. Auch für dich ist es ein Vergehen, eine Einbahnstraße oder den Radweg in der falschen Richtung zu benutzen. Das Fahren auf Gehwegen ist ebenfalls verboten.
   Grundsätzlich ist immer der rechte Radweg zu befahren. Ist nur ein einziger Radweg vorhanden, darf er auch in der Gegenrichtung benutzt werden, falls dieses durch ein Verkehrszeichen freigegeben ist.
   Kinder bis zu acht Jahren müssen, Kinder bis zu zehn Jahren dürfen mit ihrem Rad den Gehweg benutzen. In Ausnahmefällen können sie auch auf der Fahrbahn fahren.

Lösungen zu Seite 37

3. **Der betrogene Teufel**
   In der Sächsischen Schweiz liegt im Liebethaler Grund eine schöne romantische alte Mühle. Manche sagen, dass es mit dieser Mühle nicht mit rechten Dingen zugehe. Ein alter Förster hat die folgende Sage erzählt:
   Vor vielen Jahren hatten hier ein Müller und eine Müllerin eine Mühle ererbt. Weil sie aber schon sehr baufällig war, langte sie nur noch wenig zum Broterwerb. Als in einer finsteren, stürmischen und unheimlichen Gewitternacht beide sorgenvoll zusammensaßen, sagte der Müller für sich hin: „Wer wird uns wohl das Geld borgen, das wir zum Erneuern und Bauen brauchen?"
   Kaum hatte er's ausgesprochen, da polterte der Teufel persönlich zur Tür herein und forderte die beiden Alten auf: „Schließt einen Pakt mit mir, und ich baue euch eine neue Mühle und gebe euch Geld obendrein." Und er legte Ihnen einen Schein vor, auf dem stand: Wer beim Morgengrauen zuerst aus diesem Hause schaut, soll dem Teufel gehören.
   Da nahm die Müllerin das Papier, das vor ihr lag, und unterschrieb's. Der Müller tat's zitternd nach.
   Flugs entstand eine neue Mühle, dass die beiden Alten Augen machten. Aber bald kam das Morgengrauen, das der Teufel schon sehnlichst herbeisehnte. Da holte die Müllerin ihren Esel und setzte ihm die Nachtmütze ihres Mannes auf, sodass er aussah wie der Müller. Dann schob sie seinen Kopf durchs Fenster, und sofort fasste der Teufel das Tier und riss es mit sich in die Tiefe. Erst in der Hölle merkte er, dass er betrogen worden war. Aber das half nichts mehr. Und die Müllersleute hatten eine schöne Mühle und lebten darin gut bis an ihr Ende.

Lösungen zu Seite 39

1. **Die Hängematte**
   Christina hatte zu ihrem Geburtstag eine nagelneue Hängematte bekommen. Wir haben sie gleich ausprobiert, denn Marcel wollte unbedingt einmal darin schaukeln. Nachdem die Hängematte zwischen zwei Bäumen im Garten befestigt war, legte sich Marcel hinein. – Sofort stieg Benjamin hinterher, weil noch viel Platz darin war. – Christina schaukelte die beiden Jungen so heftig, dass sie laut juchzten. – Da flüsterten die Mädchen dem Geburtstagskind etwas zu und Christina lächelte geheimnisvoll. – Ehe sich die Faulpelze in der Hängematte darauf einstellen konnten, fassten alle Mädchen zu und kippten die beiden um. – Marcel lag plötzlich in den Brennnesseln, während Benjamin neben die faulen Äpfel des Nachbarbaumes rollte. – Alle fanden das lustig, obwohl sich Benny noch lange die Waden kratzte. – Seitdem sinnt Benny auf Rache bei seinem eigenen Geburtstag.

Lösungen zu Seite 40

1. Die Nomen sind:
   Lebewesen: Florian, der Nachbar, Sebastian, der Freund, der Fahrer, die Meyers, der Sohn, der Papagei
   Dinge: die Inliner, die Inline-Skater, das Auto, der Wagen, die Skates, die Mauer, der Garten, das Rosenbeet
   Ungegenständliches: die Sommerferien, der Mittag, die Unsicherheit, die Beule, der Moment, die Tricks, das Kunststück, der Absprung

Lösungen zu Seite 41

1. die Angel (w./s.), das Ringlein (s./s.), der Beutel (m./s.), der Euro (m./s.), das Söhnlein (s./m.), das Fräulein (s./w.), die Bremse (w./s.), die Düne (w./s.), das Weiblein (s./w.), der Feigling (m./m.+w.), der Zwilling (m./m.+w.), der Prüfling (m./w.+w.), die Ecke (w./s.), die Prüfung (w./s.), die Welle (w./s.), der Keimling (m./s.), das Buch (s./s), die Männer (m./m.), die Biene (w./s.), die Schafe (s./s.), das Fohlen (s./m.+.w.), die Computer (m./s.)
2. in die Schule; ärgerte er den dicken Max; machte er eine Ente nach; Anna vom Stuhl; die ganze Klasse; an der Tafel; das Symbol; nicht mehr am Platz; die/ihre Trinkflasche; als die Klingel

Lösungen zu Seite 42

1. die Tigerhaie (Nominativ, Plural, männlich), der Tigerhaie, den Tigerhaien; die Nachteulen (Nominativ, Plural, weiblich), der Nachteulen, den Nachteulen, die Nachteulen; die Mauswiesel (Nominativ, Plural, sächlich), der Mauswiesel, den Mauswieseln, die Mauswiesel; die Urvögel (Nominativ, Plural, männlich), der Urvögel, den Urvögeln, die Urvögel

Lösungen zu Seite 43

1. lachen – weinen, schlafen – wachen, liegen – stehen, brüllen – flüstern, öffnen – schließen, vergrößern – verkleinern, geben – nehmen, fragen – antworten, bringen – holen, schieben – ziehen, lieben – hassen, loben – tadeln, reden – schweigen, arbeiten – faulenzen, frieren – schwitzen, hinsehen – wegsehen, verkleinern – vergrößern, gönnen – neiden ...
2. waren verreist; Komm; ich habe; wir verabredeten uns; spielten wir; langweilten wir uns, hatte; wurde nicht eingeweiht; wir schickten; er sollte holen; schlichen wir; drehte um; nahm er und öffnete; fanden, füllten; klopfte; waren gefahren; verschraubten und steckten; ich hoffe, ausleert; hat angedeutet

Lösungen zu Seite 44

1. ich laufe, du läufst, er/sie/es läuft; wir laufen, ihr lauft, sie laufen – ich halte, du hältst, er/sie/es hält; wir halten, ihr haltet, sie halten – ich bin, du bist, er/sie/es ist; wir sind, ihr seid, sie sind – ich habe, du hast, er/sie/es hat; wir haben, ihr habt, sie haben – ich werde, du wirst, er/sie/es wird; wir werden, ihr werdet, sie werden
2. Vergangenes: sie lebten, wir haben gefunden, sie hatten bevölkert
   Gegenwärtiges: es gibt, sie sind, man erkennt
   Zukünftiges: sie werden überstehen, sie werden entstehen, wir werden verlassen haben

Lösungen zu Seite 45

1. nennt, war; wog, maß, soll gewesen sein. hat gebraucht; trug; muss gewesen sein; hatte gegeben. besaß, endeten; konnte machen; wird gewesen sein.
2. er nennt, du warst, wir haben gegriffen, ich war geflohen, er wird haben, sie wird gehabt haben, es schrieb, ihr seid gekommen, du hattest gehalten, sie wird siegen, wir werden, ich ging, du hast gehofft

Lösungen zu Seite 46

1. und 2.
   Vergangenes: er lebte (Präteritum), sie haben genannt (Perfekt), er hatte verlassen (Plusquamperfekt), er hat behalten (Perfekt)
   Gegenwärtiges: es gibt (Präsens), sie stammt (Präsens), sie zeigt (Präsens), man geht aus von (Präsens)
   Zukünftiges: es wird geben (Futur I), sie werden durchmachen (Futur I), sie werden zurückgebildet haben (Futur II), du wirst erleben (Futur I)

Lösungen zu Seite 47

1. er lebte (leben), Präteritum, Singular, 3. Person, männlich; er gibt (geben), Präsens, Sing., 3. Pers., sächlich; es wird geben (geben), Futur I, Sing., 3. Pers., sächl.; sie haben genannt (nennen), Perfekt, Plural, 3. Pers.; er hatte verlassen (verlassen), Plusquamperfekt, Sing., 3. Pers., männl.; sie werden zurückgebildet haben (zurückbilden), Futur II, Plural, 3. Pers.
2. ich rufe, du holtest, sie ist gekommen, wir hatten gedacht, ihr werdet wachsen, sie werden gegangen sein, ihr wart, du wirst haben, du hältst
3. ist (von: sein), hatten (von: haben), werdet/werden (von: werden)

LÖSUNGEN

Lösungen zu Seite 48

1. Nacheinander musst du die Adjektive in dieser Form einsetzen:
   neues; beliebt. kleinen, großen, gleichwertige; schmale, fester; hoch. gewandtesten, größten; lange. flinker; Blitzartig, perfekt; lange, tollpatschig, krachend. am schnellsten; postwendend; Donnernd, nasser. vergnügt; besser

Lösungen zu Seite 49

1. Der richtige Fahrradhelm – Den besten Schutz – ein guter Helm – die notwendige Sicht – die unterschiedlichen Kopfgrößen – die abnehmbaren Polster – mit einem unverrutschbaren Klettverschluss – den optimalen Kopfschutz
2. der gute Helm, des guten Helms, dem guten Helm, den guten Helm; die guten Helme, der guten Helme, den guten Helmen, die guten Helme
   die freie Straße, der freien Straße, der freien Straße, die freie Straße; die freien Straßen, der freien Straßen, den freien Straßen, die freien Straßen
   das weiche Polster, des weichen Polsters, dem weichen Polster, das weiche Polster; die weichen Polster, der weichen Polster, den weichen Polstern, die weichen Polster

Lösungen zu Seite 50

1. An der kleinen Bushaltestelle, ein gläsernes Häuschen; während starken Regens, bei besonders heftigem Wind. der rote Bus, die großen Schülerinnen wie die kleinen; den besten Platz; in einer geordneten Schlange.
   eine nette, strenge Busfahrerin; keinen gestempelten Fahrausweis, kein identifizierbares Foto; die geringste Chance; den vollen Preis.
2. In der großen Pause, meine ältere Freundin; auf unserem langweiligen Schulhof.
   die schwierigen, kniffligen Hausaufgaben; in speziellen Büchern, in dem großen Lexikon; nach bestimmten Stichwörtern suchen.
   eisige Kälte, in der warmen Bücherei; die unangenehmen Kontrollen; von den größeren Schülern.
   tolle CDs, die neuesten Spiele, verschiedene freigegebene Computerprogramme.
   einige der neueren, einen schnellen Internetzugang, den aufsichtsführenden Schülern, in den großen Pausen, in unverhofften Freistunden

Lösungen zu Seite 51

1. kalt, kälter, am kältesten; viel, mehr, am meisten; edel, edler/edeler, am edelsten; flach, flacher, am flachsten; gern, lieber, am liebsten; nahe, näher, am nächsten; lustig, lustiger, am lustigsten; gut, besser, am besten; hoch, höher, am höchsten; beliebt, beliebter, am beliebtesten
2. Sinnvoll zu steigern sind folgende Adjektive:
   alt, älter, am ältesten; schwer, schwerer, am schwersten; heiß, heißer, am heißesten; lange, länger, am längsten; mild, milder, am mildesten; tief, tiefer, am tiefsten; ruhig, ruhiger, am ruhigsten

Lösungen zu Seite 52

1. Adjektive in der Grundstufe:
   kleinen, hungrig, entrüstet, schnell, nass
   Adjektive in der Steigerungsstufe:
   kürzer, langsamer, kleinere, nasser, kleineres
   Adjektive in der Höchststufe:
   schönsten, nächsten, kleinste, hungrigsten, unangenehmsten
2. Normalerweise werden nicht gesteigert:
   haushoch, blind, zahnlos, steinreich, strohdumm, kinderlos, uralt, sechseckig, spindeldürr, federleicht, nagelneu, nackt, ledig, bildhübsch, wörtlich, wunderschön, lebendig
3. haushoch ist höher als hoch; glatter als glatt ist spiegelglatt; steinreich ist reicher als reich; dümmer als dumm ist schon strohdumm; uralt ist älter als alt; zentnerschwer ist schwerer als schwer; dürrer als dürr ist spindeldürr; federleicht ist leichter als leicht; neuer als neu ist nagelneu; bildhübsch ist hübscher als hübsch

Lösungen zu Seite 53

1. sollen wir, und mich, sie meinte, ihr Zettelchen, haben wir, öffnete sie, Ich war, hinter ihr, kam er! Ich ging, Mich geht es, mir würde er, Sie war, lächelte mir zu, Ich ging, sie zu schließen, mir blieb
2. ich, meiner, mir, mich; du, deiner, dir, dich; er, seiner, ihm, ihn; sie, ihrer, ihr, sie; es, seiner, ihm, es; wir, unser, uns, uns; ihr, euer, euch, euch; sie, ihrer, ihnen, sie

Lösungen zu Seite 54

1. Beispiel:
   Stillarbeit
   Wenn unser Klassenlehrer mal krank ist und niemand ihn vertreten kann, gibt es Stillarbeit. Dazu kommt meist die Rektorin in die Klasse und sagt uns, was wir in dieser Stunde tun sollen.
   Kaum ist sie aber wieder weg, geht es los! – Zurzeit spielt die ganze Klasse dann mit drei Tennisbällen gleichzeitig. Wir werfen sie wahllos an die Wand. Wer einen Ball fängt, darf ihm seine Initialen aufmalen.

Lösungen zu Seite 55

1. meine Mathe-Aufgaben, deinen Englisch-Text, seine Hausaufgaben, ihre auch nicht, unsere Hefte, seine Eltern, sein Pensum, eure Hausaufgaben, eure Hefte
2. Es sind Stefanies Mathe-Aufgaben. – Andy gehört der Englisch-Text. – Ihre Aufgaben haben noch nicht vollständig: Oliver und Angela. – Oliver hat also auch mal wieder sein „Pensum" vergessen. – Das Mathe-Heft und der Englisch-Text gehören Stefanie bzw. Andy. Und es ist Stefanies Kaugummi.

Lösungen zu Seite 56

1. Bei uns in der Klasse; Da sitzt keiner auf oder unter dem Tisch; durch die Luft, kämpfend über den Boden. in der Luft schwebende, mit kurzen Liebesgrüßen darauf.
   gegen die Fensterscheibe, auf den Lehrertisch, neben die Tafel.
   Während der kleinen Pausen; hinter dem Schrank; entgegen anderen Behauptungen; zuwider.
   Wenn in unserer Klasse; vor drei Tagen; während der Stunden; in den Pausen.
2. Die Präpositionen sind:
   in, unter, über, zwischen, bei, nach, entgegen, wegen, seit, gegenüber, außer, aus, ohne

Lösungen zu Seite 57

1. laufen und springen; ehe wir endlich, Handball oder Fußball; entweder Handball oder Fußball; sowohl das eine als auch das andere; Obwohl sie, bis zur Erschöpfung, damit sie
2 Die Konjunktionen sind:
   und, sowie; uns; damit;
   bevor, sodass; Nachdem, und, dass
   oder; Sobald; Bevor, oder

Lösungen zu Seite 58

1. Beispiel:
   Ich gehe ungern in diese Schule. Mit meinen Zensuren geht es abwärts. Dummerweise übe ich nie. Alle sind nicht zufrieden mit mir, ich überhaupt nicht. (Keiner ist zufrieden mit mir, ich auch nicht.)
2. WIE? – besonders, kaum, gern
   WANN? WIE LANGE? – meist, oft, immer
   WARUM? WESHALB? – darum, deshalb, sonst
   WO? WOHIN? – draußen, drinnen, bergab

Lösungen zu Seite 59

1. Neulich, immer, nie, sehr, oft, Jetzt, und zwar, linken, rechten, Deshalb, neuerdings, miteinander. Davon, Dummerweise, auch, Darauf, Dann, normalerweise, nach vorn, kreuzweise, jetzt, nicht.
2. Beispiele:
   Bei diesem Wetter findet Sport draußen statt. – Mein Taschengeld könnte bald mal wieder erhöht werden. – Auf einmal war alles ganz anders. – Deshalb weint man nicht gleich. – Was du heute kannst besorgen, das verschiebe nicht auf morgen. – Außer mir waren alle schon da. – Sieh mal dorthin! – Komm her, hier ist es schön!

Lösungen zu Seite 60 (Fortsetzung: Seite 124)

1. **Ein spannendes Buch**
   Sinan ist Ausländer und kommt in die 5. Klasse einer deutschen Schule. Weil er ein toller Fußballspieler ist, wird er sofort in die Klassengemeinschaft aufgenommen. Aber wie kommt es, dass Sinan plötzlich die ganze Klasse verprügelt? Sie haben sich über ihn lustig gemacht, denn er hat noch große Probleme mit der deutschen Sprache.

LÖSUNGEN

Lösungen zu Seite 60 (Fortsetzung von Seite 123)

Das ist die einfache Erklärung. – „Lasst uns eine Bande gründen!", fordert Andy die anderen auf. – „Soll Sinan dazugehören?", fragt einer. – „Auf jeden Fall!", rufen alle. – Als Erkennungszeichen sollen alle Hosenträger tragen. – Dann gibt es Probleme. Sinans Schwester will auch in die Bande eintreten. – „Soll die auch Hosenträger tragen?", fragen die anderen. – Darf Sinans Schwester überhaupt Jungenabenteuer und Jungenstreiche mitmachen? – Man findet schließlich eine gute Lösung. – Und am Ende begreifen alle, dass Freundschaft das Wichtigste ist.

Lösungen zu Seite 61

1. ein Sturzhelm, die Augen, das Ausprobieren, der Helm

Lösungen zu Seite 62

1. Lebensgemeinschaften; Uferpflanzen, Wasserpflanzen und Tiere; dem Wasserrand; seinem Enkel; etwas Tolles, nämlich eine Unterwasserlupe; diesem Gerät, nämlich der Unterwasserlupe

Lösungen zu Seite 63

1. (Achtung: Hier sind die Akkusativ-Objekte blau, die Dativ-Objekte grün markiert!)
   Ein provisorisches Aquarium
   Wenn du mal für kurze Zeit einige Wassertiere und Wasserpflanzen beobachten willst, kannst du dazu ein einfaches Aquarium einrichten. Notfalls lässt du dir ein großes Einweckglas dafür schenken.
   Fülle etwas sauberen Sand ein. Dem Sand kannst du auch einige Steine beifügen. Vergiss nicht, Wasserpflanzen einzusetzen.
   Du bekommst sie billig im Zoofachgeschäft.
   Und der Händler gibt jedem Interessierten obendrein auch gern weitere wichtige Ratschläge.
   Kauf auch gleich eine Schnecke. Denn die Schnecke gibt der Pflanze ihre verdaute Nahrung.
   Die von der Wasserpflanze ausgeschiedenen Sauerstoffbläschen dienen wiederum der Schnecke zum Atmen. Und ihre Blätter sind gleichzeitig das Schneckenfutter.
   Dem Aquarium sollte man einen Platz im Licht geben. Meide aber die heiße Sonne. Ein Tellerchen obendrauf dient dem Schutz von außen.
   Wenn du deinen künftigen Gästen alles gut eingerichtet hast, kannst du dir einige Tierchen fangen. Dann erlebst du z. B. einmal Mückenlarven, Kaulquappen und Wasserspinnen hautnah.
   Vergiss nicht, dass du sie nach etwa zwei Tagen zurückbringen solltest!

Lösungen zu Seite 64

1. (Achtung: Hier sind die Attribute rot, die zugehörigen Nomen grün markiert!)
   Ein wertvolles Feuchtgebiet
   Etwas außerhalb von Neustadt liegen drei Teiche. Sie bilden ein wertvolles Feuchtgebiet. Im Sommer erlebt man dort nicht nur lautes Froschquaken, sondern auch bellende Hunde, lärmende Kinder und grillende Erwachsene. Manche von ihnen nehmen sogar noch ein erfrischendes Bad im kühlen Wasser der Teiche.
   Aufmerksame Naturschützer und die örtlichen Behörden wollen diese unliebsamen Störungen in diesem einzigartigen Schutzgebiet jetzt unterbinden. Ab sofort gibt es Strafen für unerlaubtes Baden, Verlassen der Wege, Grillen usw.
   Frei laufende, herrenlose Hunde, die gern im Uferbereich stöbern, stören die empfindliche Tierwelt bei Brut, Rast und Aufzucht der Jungen. Sie sollen eingefangen und ins städtische Tierheim gebracht werden.
   Wer sich für die artenreiche Natur der Teiche interessiert, kann sich einer fachkundigen Führung anschließen. Sie wird wöchentlich einmal kostenlos von den ansässigen Naturschutzvereinen angeboten.

Lösungen zu Seite 65

1. Am feuchten Ufer des kleinen Teiches leben winzige und große Tiere sowie seltene Pflanzen. – Auch auf dem Grund des Teiches gibt es viele interessante Lebewesen. – Wenn in einen gesunden Wiesenteich fremde Nährstoffe gelangen, wachsen die winzigen Algen sehr schnell. Sie nehmen dann den übrigen Pflanzen das notwendige Licht weg, und der schöne Teich beginnt zu sterben. – Unsere einzigartigen Naturschutzgebiete sollen auch der Gesundheit der Menschen dienen. Aber wir müssen für ihre schonende und liebevolle Behandlung sorgen.

Lösungen zu Seite 66

1. **Über die Luft**
Luft gibt es überall auf der Erde. (1) Wir brauchen sie zeitlebens. (5) Manchmal (4) weht sie von der See her (2), bald von den Bergen. (2)
Zur Reinhaltung der Luft (6) wird heute (4) viel getan. Niemand sollte unsere notwendige Atemluft gedankenlos (7) mit Abgasen usw. (3) verschmutzen und verpesten.
Im 17. Jahrhundert (4) entdeckte man, dass die Luft außer Sauerstoff auch andere Bestandteile enthält. Den größten Anteil, nämlich 78 Prozent, bildet nachweislich (7) Stickstoff. Er heißt so aufgrund seiner Feuer löschenden Wirkung (6). Gibt es an Land (1) keine Luft, stirbt hier (1) alles ab. Geht das Wasser aus, lebt nach kurzer Zeit (4) nichts und niemand mehr.

Lösungen zu Seite 68

1. Nomen: Ausland, Artikeln, Gleises, Karpfen, Verb, Start
Verben: atmen, ersetzte, starteten, folgst, mag, gingen
Adjektive: älter, ersetzbar, rotem, vollem, hart, frei
Pronomen: ich, ihm, dir, mein, unser, ihr
Artikel: das, eine, der, des, ein, eines
Präpositionen: an, nach, durch, entlang, über, zwischen
2. ich rufe, du holtest, sie ist gekommen, wir hatten gedacht, ihr werdet wachsen, sie werden gegangen sein

Lösungen zu Seite 69

3. **Gefiederpflege und Gefiederwechsel**
Die wichtigsten Rastplätze für selten gewordene Vögel findet man in den salzigen Sümpfen am Mittelmeer. Die Vögel ruhen sich dort während des Rückfluges in ihre nordische Heimat aus. – Der männliche Kampfläufer z. B. wechselt hier ungestört sein mausgraues Winterkleid gegen ein vielfarbiges Gefieder. Das Weibchen behält seine unauffällige Färbung zum Zwecke der Tarnung. – So wird es während der Brut kaum gestört. Durch diese natürliche Anpassung haben die Kampfläufer bessere Überlebenschancen. – Bei Habicht, Falke und Adler werden besonders bei der Jagd die Schwungfedern sehr belastet. Sie halten Verbiegungen und Verwindungen aus, ohne zu brechen. Deshalb pflegen diese Vögel ihr Gefieder besonders intensiv. – Doch trotz der besonderen Pflege nutzen sich die Federn so stark ab, dass auch sie einmal pro Jahr das Federkleid wechseln.

Lösungen zu Seite 73

1. In Einleitung B erfährt man nichts Näheres über die Personen, den Ort und die Zeit. Außerdem verrät sie schon, dass nachts ein Gewitter über das Zelt hereinbrechen wird.
2. Es fängt sofort spannend an: keine langweiligen Erklärungen, nichts Unwichtiges. Man „hört" den Erzähler „richtig sprechen" und will unbedingt erfahren, wie es weitergeht, was geschehen ist.

Lösungen zu Seite 74

1. Stichwörter könnten sein:

	Einleitung	1.	allein zelten
	Hauptteil	2.	Vorbereitungen
		3.	seltsame Geräusche
		4.	er regnet ein
		5.	ein fürchterlicher Schlag
	Schluss	6.	in Sicherheit

Lösungen zu Seite 76 (Fortsetzung: Seite 126)

1. **Angst im Zelt** (Ein Schüleraufsatz)
Markus und ich sind Pfadfinder. In den großen Ferien wollten wir einmal allein ausprobieren, was wir beim Zelten schon alles gelernt hatten. Von einem bekannten Bauern bekamen wir die Erlaubnis, seine Wiese zu benutzen. Bald war alles eingerichtet. Auch die Lampe funktionierte, und wir ahnten noch nichts Schlimmes.
Am Nachmittag schien die Sonne. Bis zum Dunkelwerden arbeiteten wir am Zelt. Sogar einen kleinen Wassergraben hob Markus aus. Danach aßen wir und legten uns bei leiser Musik bald schlafen. Plötzlich wachte Markus auf und weckte mich. Er sagte: „Ich habe was gehört! Ein Knacken und Brummen!" Darauf sah ich vorsichtig aus dem Zelt. Nichts. Wir waren ganz still und rückten ein wenig aneinander. Das war wohl nur ein Traum gewesen. Wir schliefen wieder ein.

Lösungen zu Seite 76 (Fortsetzung von Seite 125)

Irgendwann tropfte es mir ins Gesicht. Ich konnte nicht gleich die Taschenlampe finden. Dann sah ich das kleine Loch im Dach. Es regnete und der Wind blies. Ich rückte mit der Luftmatratze ein Stück zur Seite und stellte meinen großen Trinkbecher für die Tropfen auf. Markus schlief fest. Ich kuschelte mich wieder in die Decke.

Da krachte es fürchterlich. Noch einmal! Markus und ich saßen starr auf der Luftmatratze. Sogar durch die Zeltwand sahen wir grelle Blitze. Draußen war es sekundenlang taghell. Wieder näherte sich ein tiefes, schweres Donnergrollen, und ich schaltete zitternd die Taschenlampe an. Da krachte und blitzte es wieder. Wir rückten enger zusammen. Der Trinkbecher mit dem Regenwasser fiel um. Ich glaube, bei Markus sah ich eine Träne. Dann zerrte der Wind am Zelt. Regen und Hagel kamen dazu. „Wo ist dein Handy?“, fragte ich. Wir konnten es nicht finden. Eine Ecke des Zeltes fing bedrohlich an zu flattern. Vom Dach tropfte es heftiger. Ein neuer Blitz und gleich wieder der Donner! Mir war ganz trocken im Hals. Da musste ich fast weinen. Und auf einmal riss es an der Zelttür. Der Verschluss öffnete sich und starkes Licht blendete uns. „Hallo Jungs!“, rief mein Vater. „Raus mit euch und ab nach Hause!“
So schnell wie wir haben Pfadfinder selten ihre Behausung verlassen. Wir rannten zum Weg, wo das Auto stand. Vater sicherte noch kurz das Zelt und kam dann eilig zurück. Alle waren wir klatschnass. Und jetzt erst konnten wir wieder reden. Zuerst brachten wir Markus nachhause. Mama machte mir dann noch einen heißen Tee. Und endlich konnte ich in mein sicheres Bett kriechen.

2. So schnell wie wir haben Pfadfinder selten ihre Behausung verlassen. ~~Wir sind schon drei Jahre Pfadfinder.~~ ~~Ich weiß noch, wie alles anfing.~~ ~~Eigentlich wollte Markus gar kein Pfadfinder werden.~~ Wir rannten zum Weg, wo Vaters Auto stand. ~~Es ist ein grüner VW.~~ Vater sicherte noch kurz das Zelt und kam dann eilig zurück. Alle waren wir klatschnass. Und erst jetzt konnten wir wieder reden. Zuerst brachten wir Markus nach Hause. Mama machte mir dann noch einen heißen Tee. Und endlich konnte ich in mein sicheres Bett kriechen. ~~Nachts träumte ich von einem Ufo.~~ ~~Damit flogen Markus und ich auf den Mars.~~ ~~Dort trafen wir lauter grüne Männchen und schlossen Freundschaft mit ihnen.~~ ~~Die hält bis heute~~.

Lösungen zu Seite 78

1.–3. **Astor ist weg** (Ein Schüleraufsatz)
Anna fuhr in den Sommerferien mit ihren Eltern für eine Woche in den Thüringer Wald. Die schöne Ferienwohnung kannten sie schon. Und ihr Hund Astor, ein Großer Münsterländer, freute sich schon auf das Toben mit Anna auf der Waldwiese. Gleich am zweiten Tag gingen sie allein los.

Die Waldwiese war nicht weit. Anna und Astor brauchten nur die kleine Straße zu überqueren und dann auf der kleinen Brücke über den Bach zu laufen. Der Hund freute sich schon und war ganz aufgeregt. Ständig zog er an der Leine, sodass Anna Mühe hatte, ihn zu halten. Endlich ließ sie ihn los. Astor raste in großem Bogen durch das Gras. Dann kam er zurück, sprang dankbar an Anna hoch und wälzte sich wohlig auf dem Boden.
Da knackte es im Gebüsch! Astor stand plötzlich still und wach im Gras, die Ohren angehoben. Den Schwanz hielt er waagerecht. Ruhe. Dann sah Anna kurz etwas Rotbraunes hinter dem grünen Laub. Ein Fuchs? Astor hatte nichts bemerkt, denn Hunde sehen nicht besonders gut. Aber dann!
Auf einmal schoss der Hund davon. Er musste Witterung von dem Fuchs bekommen haben. Schräg über die Wiese in Richtung Gebüsch und Wald! Als sie zu rufen anfing, war er schon verschwunden. Hastig lief sie hinterher und sah sich verzweifelt um. Aber sie musste nicht lange suchen. Da sah sie ihn, wie er an einem kleinen Hügel an einem Loch buddelte. Astor scharrte, bellte und biss in die Erde, dass alles nur so durcheinanderwirbelte. Auf Anna hörte er überhaupt nicht mehr.
Bald war Astors Kopf verschwunden und dann auch fast noch die Schulter. Anna wusste nicht, was sie machen sollte. Sie war nahe daran zu weinen. Da wurde es still, Astor bewegte sich kaum noch. Er jammerte leise, kam aber nicht zurück. Anna bekam solche Angst, dass sie zu den Eltern lief und kleinlaut alles erzählte.
Annas Vater sprach kurz mit dem Vermieter. Sie nahmen zwei Spaten und eine Astschere. Anna musste ihnen den Weg zeigen. Als sie im Wald bei Astor waren, bekam Anna noch mehr Angst: Der Hund bewegte sich noch immer nicht. „Er ist eingeklemmt oder hat sich verhakt“, sagte der Vermieter. „Hoffentlich hat er sich nicht mit dem Fuchs verbissen“, wünschte sich Annas Vater.

Dann gruben die beiden Männer von zwei Seiten. Vorsichtig wurde die Erde abgetragen, bis der Kopf sichtbar wurde. Bewegte sich Astor? Da sagte Annas Vater: „Er hat sich mit dem Halsband an einer Wurzel verhakt.“ Mit der Astschere durchtrennten sie das Wurzelstück und Astor war frei! Er schüttelte sich kräftig, begrüßte Anna freudig und wollte gleich weiterscharren. Aber die nahm ihn gleich an die Leine, und sie gingen langsam zurück. Alle waren erleichtert. Mit dem Toben auf der Waldwiese war es allerdings erst mal aus.

Lösungen zu Seite 82

1. Wer? – Unfallpartner: Anna Meyer (mit Fahrrad), ein Mann, ca. 60 Jahre alt (mit Golf: FW – XY 98)
   Wer? – Zeugen: Jan, Frau Kluge
   Wann? – Datum und Uhrzeit: 2. Februar
   Wo? – Ort, Straßen: Kreuzung Weberstraße – Goethestraße
   Was? Wie? – das Geschehen: Anna und der Golf stießen zusammen.
   Welche Folgen? – Schäden und was dann geschah: Annas Hose und das Fahrrad beschädigt. Kotflügel des Golf eingebeult. – Aufnahme des Unfalls durch die Polizei. Polizei brachte Anna nachhause.

Lösungen zu Seite 83

1. Wer? – Unfallpartner: Anna Meyer (mit Fahrrad), Herr Max Jung (mit Golf: FW – XY 98)
   Wer? – Zeugen: Jan Scherer, Frau Kluge
   Wann? – Datum und Uhrzeit: 2. Februar 2004, 07.20 Uhr
   Wo? – Ort, Straßen: 4711 Neustadt, Kreuzung Weberstraße – Goethestraße (= Vorfahrtstraße)
   Was? Wie? – das Geschehen: Anna Scherer bog nach links in die Goethestraße ein und fuhr vor den Golf. Golf musste scharf bremsen.
   Welche Folgen? – Schäden und was dann geschah: Annas Hose und das Fahrrad beschädigt. Kotflügel des Golf eingebeult. – Aufnahme des Unfalls durch die Polizei. Polizei brachte Anna nach Hause.

Lösungen zu Seite 84

1. Name und Anschrift der Einrichtung (= das ist Annas Schule – sie war ja auf dem Schulweg):
   z. B. Schillerschule, 4711 Neustadt, Gerberstraße 12
   Art der Einrichtung (= Abkürzung für die Schulart): z. B. GS für Grundschule
   Name: Meyer, Anna – 27.07.1994
   Geschlecht: „weibl." ankreuzen
   Staatsangehörigkeit: z. B. deutsch
   Anschrift: 4711 Neustadt, Postgasse 7
   Name und Anschrift des gesetzl. Vertreters: (= dieselbe wie Annas, wenn sie bei den Eltern wohnt)
   Krankenkasse: z. B. AOK Neustadt; Kreuzchen wahrscheinlich bei „familienversichert"
   Wochentag usw.: Montag, 2. Februar 2004, 07.30 Uhr
   Tätigkeit ...: (Damit ist Annas Schultag gemeint) – z. B. 08.00–13.15 Uhr
   Verletzte Körperteile: linkes Knie leicht geschrammt
   Ärzte und Krankenhaus: „Striche", weil das nicht nötig war
   Unfallstelle: 4711 Neustadt, Kreuzung Goethestraße/Weberstraße
   Unfallhergang: Ich war mit dem Fahrrad auf dem Weg zur Schule und wollte von der Weberstraße nach links in die Goethestraße einbiegen. Dabei übersah ich den Golf und stieß mit dem Fahrzeug zusammen.
   Zeugen: Jan Scherer, 4711 Neustadt, Weberstraße 7; Frau Kluge, Weberstraße 1
   Hat der Verletzte wegen des Unfalls ... unterbrochen? – Ja, 08.00–13.15 Uhr

Lösungen zu Seite 85

1. Ich kam an die Kreuzung, als ich plötzlich ein lautes Quietschen hörte.
   Anna wurde von einem Golf erfasst, weil sie die Vorfahrt missachtet hatte.
   (Oder: Anna wurde von einem Golf erfasst, denn sie hatte die Vorfahrt missachtet.)
   Der Autofahrer lief sofort zu Anna, aber sie war schon aufgestanden.
   Annas Fahrrad hatte vorn eine Acht und ihre Hose war beschädigt, und das linke Knie war leicht abgeschürft.
   (Oder: Annas Fahrrad hatte vorn eine Acht, ihre Hose war beschädigt, und das linke Knie war leicht abgeschürft.)
   Die Polizisten brachten Anna nachhause, da sie mit dem Rad nicht mehr fahren konnte und weil sie einen kleinen Schock hatte.

Lösungen zu Seite 86 (Fortsetzung: Seite 128)

1. **Unfallbericht** (Ein Schülerbericht)
   Am Montag, 2.2.2004, wurde die Schülerin Anna Scherer in Neustadt von Herrn Max Jung angefahren. Anna befand sich mit dem Fahrrad auf dem Weg zum Unterricht. An der Kreuzung Goethestraße/Weberstraße wurde sie dabei von Herrn Jungs Golf erfasst.

Lösungen zu Seite 86 (Fortsetzung von Seite 127)

Die 12-jährige Schülerin Anna Scherer wollte mit dem Fahrrad von der Weberstraße nach links in die Goethestraße einbiegen. Dabei achtete sie nicht auf die Vorfahrt und übersah den herankommenden Golf (FW – XV 98). Der Autofahrer, Herr Jung, musste scharf bremsen, erfasste Anna aber noch mit dem linken Kotflügel. Anna stürzte auf die Straße, wo ihr Herr Jung sofort half. Ihr linkes Hosenbein war unterhalb des Knies eingerissen, dort war eine kleine Schürfwunde entstanden. Der Golf hatte eine Delle im Kotflügel.
Inzwischen hatte Frau Kluge, Weberstraße 1 die Polizei verständigt.
Zwei Polizisten nahmen den Unfall auf. Herr Jung konnte weiterfahren. Anna wurde von den Beamten nachhause gebracht. Sie sollte sicherheitshalber einen Arzt aufsuchen.

Lösungen zu Seite 87

1. und 2.
Beschädigung einer Fensterscheibe in der Klasse 5d (Ein Schülerbericht)
Am Mittwoch, dem 10. März 2004, hatten Jasmin, Markus und ich (Anna) nachmittags Volleyball-AG bei Herrn Habermann. Wir wollten uns wie immer um 14.50 Uhr im Klassenraum der 5d treffen, wo die Bälle liegen. Dort warteten wir. Als 5 Minuten nach 3 Uhr noch immer kein Lehrer da war, übten wir schon mal ein bisschen. Dabei ging eine Scheibe des rechten großen Klassenfensters zu Bruch.
Markus hatte den Ball zu Jasmin geworfen. Jasmin gab weiter an mich, ich wieder an Markus. Der spielte den Ball schräg an die Wand, von wo er abprallte und mich am Kopf traf. Ich riss dadurch zwei Stühle von einem Tisch. Ein Stuhl davon fiel Markus auf den Fuß, als er gerade noch den Volleyball wegschlug. Der flog in die Scheibe. Das Glas sprang und splitterte teilweise heraus. Sonst war nichts passiert.
Anschließend liefen wir sofort zum Hausmeister. Dort trafen wir auch Herrn Habermann. Beide fegten die Glassplitter zusammen und sicherten das Fenster provisorisch mit einer großen Pappe. Danach gingen wir zur AG in die Sporthalle.

Lösungen zu Seite 89

1. **Rezept für einen Obstsalat**
Zutaten (Beispiel):
2 Äpfel, 2 Orangen, 4 Kiwis, 2 Bananen, Zucker oder flüssiger Süßstoff, Zitronensaft, Jogurt; Sahne
Geräte:
1 große Schüssel, 1 scharfes Küchenmesser, 1 Schneidebrett, 1 gr. Löffel
Zubereitung:
Äpfel waschen, abtrocknen, schälen, Kerngehäuse entfernen. Orangen, Bananen und Kiwis schälen. Alles in kleine Würfel schneiden; in die Schüssel geben. Die Orangen zuletzt, weil sie saften. Süßen, umrühren, Jogurt dazugeben. Fertig

Lösungen zu Seite 90

1. **Rezept für einen Obstsalat**
Zutaten (Beispiel):
2 Äpfel, 2 Orangen, 4 Kiwis, 2 Bananen, Zucker oder flüssiger Süßstoff, Zitronensaft, Jogurt
Geräte:
1 große Schüssel, 1 scharfes Küchenmesser, 1 Schneidebrett, 1 gr. Löffel; Dessert-Tellerchen, kleine Löffel
Zubereitung:
Zunächst werden die Äpfel gewaschen, abgetrocknet und vom Kerngehäuse befreit. Dann wird alles geschält. Anschließend das ganze Obst mit dem scharfen Messer auf dem Brett in ca. 2 cm dicke Würfel zerschneiden. Bananen und Kiwis kann man auch in Scheibchen zerteilen. Die Orange sollte zuletzt zerteilt werden, da sie stark saftet. Alles wird sofort in die Schüssel gegeben.
Nach vorsichtigem Umrühren, damit nichts zerdrückt wird, muss abgeschmeckt werden: mit Zucker süßen oder mit Zitrone säuern. Wer mag, kann etwas einfachen Jogurt untermischen, das rundet den Geschmack weiter ab.
Servieren:
Zum Verzehr kann man den Salat in Dessert-Tellerchen füllen, gläserne machen sich hier besonders gut. Obendrauf Mandelsplitt, Schokostreusel und evtl. ein Sahnehäubchen. Guten Appetit!

Lösungen zu Seite 92

1. **Anschluss und Inbetriebnahme eines TFT-Flachbildschirms**
   1. Teile:
   - TFT-Flachbildschirm mit Bildschirmfuß
   - Monitorkabel und Lautsprecherkabel
   - Netzanschlusskabel
   - Netzteil
   - Bedienungsanleitung mit Installations-CD
   - Garantiekarte
   - (kleinen Schraubendreher bereitlegen)

   2. Arbeiten:
   Vorbereitungen am PC:
   Achtung! Unbedingt Strom zum PC und zum alten Monitor abschalten. Von beiden die Netzkabel entfernen. Dann das alte Monitorkabel vom PC abziehen.
   Vorbereitungen am TFT-Flachbildschirm:
   Den Bildschirm auf Bildschirmfuß setzen und einrasten lassen. Dabei nicht auf die weiche Vorderseite des Bildschirms fassen!
   Monitorkabel und Lautsprecherkabel hinten am Bildschirm einstecken.
   Das dünne Kabel des Netzteils (= Trafo) hinten in den Bildschirm einstecken.
   Anschließend den TFT-Bildschirm mit Fuß und Kabeln auf Computertisch stellen.
   Jetzt das freie Monitor- sowie das Lautsprecherkabel-Ende hinten am PC einstecken (Eingang „Monitor" auf der Grafikkarte bzw. „Audio" auf der Soundkarte).
   Danach das dicke Kabel des Netzteils (= Trafo) in die Steckdose stecken.

   3. Inbetriebnahme:
   Den PC starten und den TFT-Flachbildschirm einschalten. (Achtung: Das Bild kann kurz flackern und anders aussehen als vorher!)
   Falls der PC meldet „Neue Hardware gefunden": Installations-CD ins CD-Laufwerk einlegen und starten.
   Dann einfach dem Bildschirm folgen. – Fertig!
   Weitere Feineinstellungen können an den Bildschirmknöpfen vorgenommen werden.

Lösungen zu Seite 93 und 94

1. **Bastelanleitung für einen Dino**
   Material und Werkzeug
   2 Luftballons (ein runder und ein länglicher), etwas Bindfaden, Tapetenleim, Zeitungspapier (einige Zeitungen), 1 dicker Tuschpinsel, Malkasten (Tuschkasten), 4 Papprollen (vom Toilettenpapier oder 2 vom Haushaltspapier, halbiert), Tesafilm.
   1 Dose für den Leim.
   Arbeiten
   Rühre zuerst den Tapetenleim an, denn er muss etwas stehen, bis er gebrauchsfertig ist. Richte dich nach den Anweisungen auf dem Päckchen. (Fülle immer erst das Wasser, dann das Leimpulver ein, sonst gibt es Klumpen.)
   Der Leim sollte dickflüssig werden wie Trinkjogurt.
   Blas dann die Luftballons auf. Einer wird der Kopf, der andere der Rumpf. Hefte beide mit Tesafilm zusammen.
   Nun beklebst du nach und nach alles mit kleinen Zeitungspapierfetzen. Dabei modellierst du den Körper mit dem feuchten Papier und Leim. So wächst dein Fantasie-Dino heran. Füge dann die Beine an und forme sie allmählich aus.
   Eine Arbeitsunterbrechung von einem Tag lässt alles gut durchtrocknen. Es wird dadurch stabiler. Lagere den Dino dazu seitlich ab und stütze ihn.
   Am Schluss kannst du deinen Dino fantasievoll mit Deckfarben bemalen.
   Tipp:
   Der Dino eignet sich zur Dekoration, z. B. auf deinem Schreibtisch. Oder als Geschenk für jemanden, der so viel Arbeit wert ist.

Lösungen zu Seite 95 und 96 (Fortsetzung: Seite 130)

1. und 2.
   Austausch eines DVD-Laufwerkes
   1. Teile
   Lege die neuen Teile bereit:
   das Laufwerk, 1 Breitbandkabel, 1 Audiokabel, 4 Schrauben.
   Du brauchst dazu einen kleineren Stern-Schraubendreher (Schraubenzieher).

LÖSUNGEN

Lösungen zu Seite 95 und 96 (Fortsetzung von Seite 129)

2. Arbeiten
Vorbereitungen am PC:
Schalte Computer und Monitor aus. Ziehe alle Stecker aus der Steckdose. Öffne dann die Seitenwände des PC. (Nimm nur bei Bedarf die Frontblende ab.) Bestimme das alte DVD-Laufwerk. Markiere erst die Kabel daran an der Oberseite (z. B. mit einem Filzstift), ziehe sie dann vorsichtig und gerade ab. Löse danach die 2 (oder 4) seitlichen Halteschrauben. Drück nun das Laufwerk etwas von innen nach außen und ziehe es dann nach vorn heraus.
Lege beide Laufwerke zueinander und vergleiche. Überprüfe die Jumper-Stellung: Sie sollte beim neuen Laufwerk wie beim alten sein. Sonst: Schreib dir die Stellung des Jumpers am neuen Laufw. auf und stecke dann um, evtl. mit einer Pinzette. (Auf manchen Lw. findet man einen Aufkleber mit Zeichnung dazu.)

3. Inbetriebnahme:
Schiebe das neue Lw. von vorn ein. Schließe die markierten (!) Kabel an. Befestige das Gehäuse von außen mit den Schrauben.
Schließe jetzt das Computergehäuse wieder und überprüfe, ob sich an der hinteren Rückwand etwas gelockert hat (Kabel usw.). Stelle die Stromverbindungen wieder her. Schalte den Monitor an und boote (= fahre den Computer hoch).
Nach dem Booten lege eine DVD oder CD in das neue Lw., die nicht von allein startet. Klicke auf <Arbeitsplatz> und in dem neuen Fenster auf das Symbol für dein DVD-Laufwerk: Es zeigt dir den DVD-Inhalt. – Fertig!

Lösungen zu Seite 97 und 98

(Stichwörter sind farbig markiert.)

Der kürzeste Weg vom Bahnhof zur Gerberstraße:
„Gehen Sie zuerst nach links bis zur nächsten Straße. Dort wenden Sie sich kurz nach rechts und sehen auf der gegenüberliegenden Seite den Anfang des Bahnweges. Überqueren Sie die Straße und gehen Sie den Bahnweg entlang, bis er die Marienstraße kreuzt. Übrigens haben Sie bis dahin links von sich die Bahngleise, rechts das Wasser der Trave. An der Kreuzung mit der Marienstraße biegen Sie rechts ein und überqueren die Trave auf einer Brücke. Nach der Brücke halten Sie sich gleich links und folgen der Straße im Bogen auf eine zweite Brücke über einen anderen Arm der Trave. Von der Brücke kommen Sie geradewegs in die Engelsgrube. Die gehen Sie geradeaus bis zur Kirche. Vor der Kirche links, dann gleich wieder rechts halten. Jetzt überqueren Sie die Königstraße. Sie gehen weiter geradeaus und treffen am Ende des nächsten Häuserblocks auf die Gerberstraße."

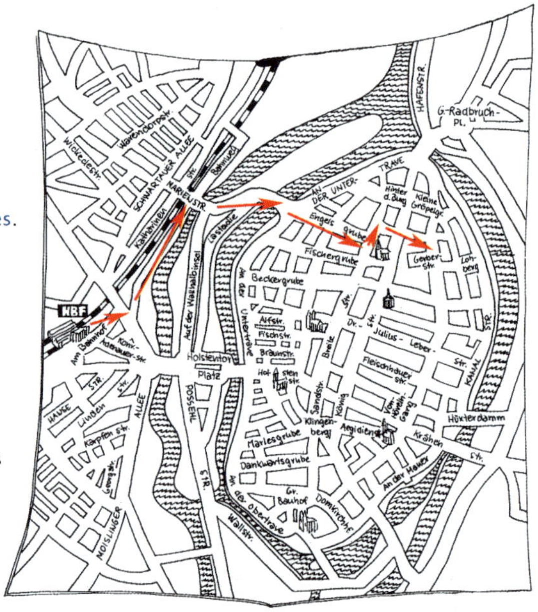

Lösungen zu Seite 100

1. (Überschrift) – Einleitung – Hauptteil – Schluss
2. Zum Beispiel:
   Die Überschrift weckt Interesse, ist „Werbung" für die Geschichte. Man soll neugierig werden.
   Die Einleitung liefert Informationen, die für das Verständnis des Hauptteils wichtig sind, z. B. Namen, Ort und Zeit. Aber sie nimmt nichts Wichtiges vorweg.
   Der Hauptteil erzählt die eigentliche Geschichte und ist am längsten. Hier steigert sich die Spannung bis zu einem großen Höhepunkt hin.
   Der Schluss rundet die Erzählung noch kurz ab.
3. In die Tabelle musst du von oben nach unten folgende Zahlen eintragen:
   1 – 4 – 2 – 5 – 3 – 6

Lösungen zu Seite 101

4.

	Erzählung	Bericht	Anleitung	Beschreibung
kurze Sätze	---	x	x	x
wörtliche Rede	x	---	---	---
meist Präteritum	x	---	---	---
meist Präsens	---	---	x	x
Präsens zur Spannungssteigerung	x	---	---	---
treffende Wortwahl	x	x	x	x
Gedanken und Gefühle	x	---	---	---
knappe, sachliche Information	---	x	x	x
Spannungskurve	x	---	---	---
Skizzen und Erläuterungen	---	x	x	x

5. ~~Das wunderschöne Fahrrad mit den gelben Felgen lag verbogen auf der Straße.~~ – Das Vorderrad des Fahrrades war verbogen. – Ihr rechtes Hosenbein war eingerissen. – Das linke Knie blutete. – ~~Ich hoffte, dass meiner Freundin nichts passiert sei.~~ – Es regnete zu diesem Zeitpunkt. – ~~In den Nachrichten hatte man schlechtes Wetter angesagt.~~ – Die Polizei nahm den Unfall auf. – Es passierte auf der Kreuzung Goethestraße – Amselweg. – ~~Der Polizist setzte sich erst die Mütze auf, dann ging er zu dem Unfallort.~~
6. WER? – WO? – WANN? – WAS? – WIE? – WELCHE FOLGEN?
7. Alles am besten erst einmal selbst ausprobieren.

Lösungen zu Seite 102

1. Richtig geschrieben sind folgende Wörter:
   Unterrichtsstunden, fällt, viel, Spaß, denn, nett, schimpft, fürchterlich, wenn, Kaugummi, Mund, jemand, vergisst.
   erzählen, müssen, viele, nimmt,
   Arbeit, sollen, Test, lässt, fertig, meist, Letzte, immer, Deshalb, fast.
2. Zeit, lebte, Schriftsteller; erzählt.
   ging, Seeufer; Delfin; nahm, Speise, freudig, schien, blinzeln; ließ, Rücken, steigen; baumelnden, Beinen, Seite, Sees; Schule; dauerte, Jahre; Krankheit; Delfin, trauriger, Knaben, mehr, sah; darauf, Trauer.

Lösungen zu Seite 103

3. **Hausaufgaben machen**
   Wenn ich keine Lust habe, Hausaufgaben zu machen, schalte ich das Radio ein[,] oder ich esse etwas, höre mir die Erlebnisse meiner Schwester an und lese gleichzeitig in einem Buch. Falls beides nicht spannend genug ist, wandere ich im Haus herum, weil ich dann nichts Besseres zu tun weiß. Die Hausaufgaben mache ich dann Stück für Stück und lasse lange Pausen dazwischen. Manchmal lasse ich absichtlich etwas aus, obwohl ich es könnte. In der Schule habe ich nämlich immer noch genügend Zeit, das dann abzuschreiben.
4. Am Montag vor Weihnachten fand das letzte Punktspiel unseres Tischtennisvereins statt. Unser Team wusste, dass es ums Ganze ging. Jan hatte das Maskottchen mitgenommen, das uns bisher immer Glück gebracht hatte. Um 17 Uhr begann das entscheidende Spiel im Doppel. Es wurde das spannendste Match des Jahres. Und: Nach drei Sätzen war der Sieg unser! Das war das schönste Geschenk, das man uns zu Weihnachten machen konnte!

Lösungen zu Seite 104 (Fortsetzung: Seite 132)

5. er lebte (leben), Präteritum, Singular, 3. Person, männlich; es gibt (geben), Präsens, Sing., 3. Pers., sächlich; es wird geben (geben), Futur I, Sing., 3. Pers., sächl.; sie haben genannt (nennen), Perfekt, Plural, 3. Pers.; er hatte verlassen (verlassen), Plusquamperfekt, Sing., 3. Pers., männl.; sie wurde gesehen (sehen), Präteritum, Sing., 3. Pers., weibl.
6. Normalerweise werden nicht gesteigert:
   haushoch, blind, zahnlos, steinreich, strohdumm, kinderlos, uralt, sechseckig, spindeldürr, federleicht, nagelneu, nackt, ledig, bildhübsch, wörtlich, wunderschön, lebendig, zentnerschwer

Lösungen zu Seite 104 (Fortsetzung von Seite 131)

7. drei Satzglieder: Subjekt, Prädikat, Objekt
   Dativ-Objekt erfragt man mit WEM? – Akkusativ-Objekt erfragt man mit WEN? oder WAS?
   Adverbiale Bestimmungen sind zum Beispiel: adverbiale Bestimmung des Ortes, der Zeit, des Grundes, der Art und Weise.
   Am Ende eines Hauptsatzes können stehen: Punkt, Fragezeichen, Ausrufezeichen. (Wenn mehrere Hauptsätze zusammenstehen, kann zwischen ihnen auch ein Komma oder Semikolon stehen.)
   Hauptsatz und Gliedsatz (Nebensatz) werden immer durch ein Komma getrennt.

Lösungen zu Seite 105

8. In der Erlebniserzählung wird zum Erzählen die Ich-Form oder die Er-Form bzw. die Sie-Form gebraucht.
9. Wechsel vom Präteritum ins Präsens, um die Geschichte an dieser Stelle besonders spannend und anschaulich zu machen. Dazu dient auch die wörtliche Rede.
10. Erzählanfang: Überschrift und Einleitung
11. Rein sachliche Textformen (Aufsatzformen): Unfallbericht, Schadensbericht – Einbauanleitung, Rezept, Spielanleitung – Wegbeschreibung, Gegenstandsbeschreibung
12. Unfallbericht:
    Einleitung (Personen: WER? – Ort: WO? – Zeit: WANN? – Geschehen: WAS?)
    Hauptteil (Ablauf: WAS? WIE?)
    Schluss (Folgen: WELCHE FOLGEN?)